図解

超集中力

自分を操る

メンタリスト
DaiGo

かんき出版

まえがき

集中力は、持って生まれた才能ではない——。

あなたの集中力は、トレーニングによってさらに強化することができる

集中力を磨けば「今の自分」を変えることができる

告白します。

実は、かつて私は「LD（学習障害）ではないか?」と両親や祖父に心配されるほど、集中力がなく、本当にじっとしていられない子どもでした。

当然、勉強もできません。成績は学年227人中、224位。長時間、机に向かっている奇跡のような一日があったとしても、実際には集中していないので、何も覚えていないに等しいときもありました。

今思えば、周りの人たちと同じようにじっとしていられなかったことで、小学校1年から中学校2年までの延べ8年間にわたるいじめが始まったのかもしれません。

いじめられっ子で成績もほぼビリだった当時の私は、**ある日「勉強をして、自分を変えよう」と決意しました。**

もちろん、初めはうまくいくはずもありません。絶対に自分の力を認めさせてやる、自分は変わるんだと心に決めて机に向かっても、まったく集中することができず、ペンを投げ出してしまう。最初はそんなくり返しでした。

そして、他人より集中力がないことを自覚した私は、闇雲に勉強しようとするのではなく、心理学や脳科学の専門書を頼りに、集中力をつくり出す方法を研究し始めました。

長い試行錯誤でした。

でもその結果、予備校などに通うこともなく、**独学で慶應義塾大学の理工学部に合格。**現在では1日10～20冊の読書をしつつ、企業アドバイザーや、講演・研修事業、テレビ出演、ニコニコ動画を放送するなど、一般の人たちをはるかに超えたアウトプットができるほどの集中力を身につけるようになりました。

今の私には、人よりも速く効率的に本を読み、多くのことを吸収し、それを活かした仕事でも大きな成果を上げている。そんな自信があります。

私が**手に入れた今のポジション**

は、「すべて集中力のおかげ」と言っても過言ではないでしょう。

もはや集中力は、最短・最速で身につくスキル

集中力をつくり出すために費やした試行錯誤の日々が、無駄だったとは思いません。でも、おそらくあなたには当時の私と同じように、ゼロから模索する時間はないでしょう。日々の仕事や勉強に追われていて、集中力の研究のために地道に数年間を費やすことは、やりたかったとしてもできないはずです。

安心してください。幸い、優秀な科学者たちが、すでに集中力についてのたくさんの研究結果を発表してくれています。

そこで**本書では、私の実体験も踏まえつつ、集中力を科学的に高める方法をご紹介します。**

集中力は持って生まれた才能ではありません。**あなたの集中力はトレーニングによって、さらに強化することができる**のです。

集中力で、1年が13カ月になる

たとえば、同じような業界で働いているのに、あなたよりも短時間で仕事を終わらせ、出世をし、今なお、より良い結果を出している人がいるとしましょう。

その人とあなたの間にある「差」とは、なんでしょうか？

持って生まれた才能の違い……かもしれません。でも、頭抜けた天才というのは、そうたくさんいるものではありません。あるいは、短時間で終わらせているように見せて、陰でものすごくたくさんの時間を費やしているという可能性もあります。

しかし、**この差は才能ではありません。**子どもの頃、注意力散漫で先生や親を心配させていた私も、今の私も同じ人間です。

これが集中力を自在に操る「エンジン」

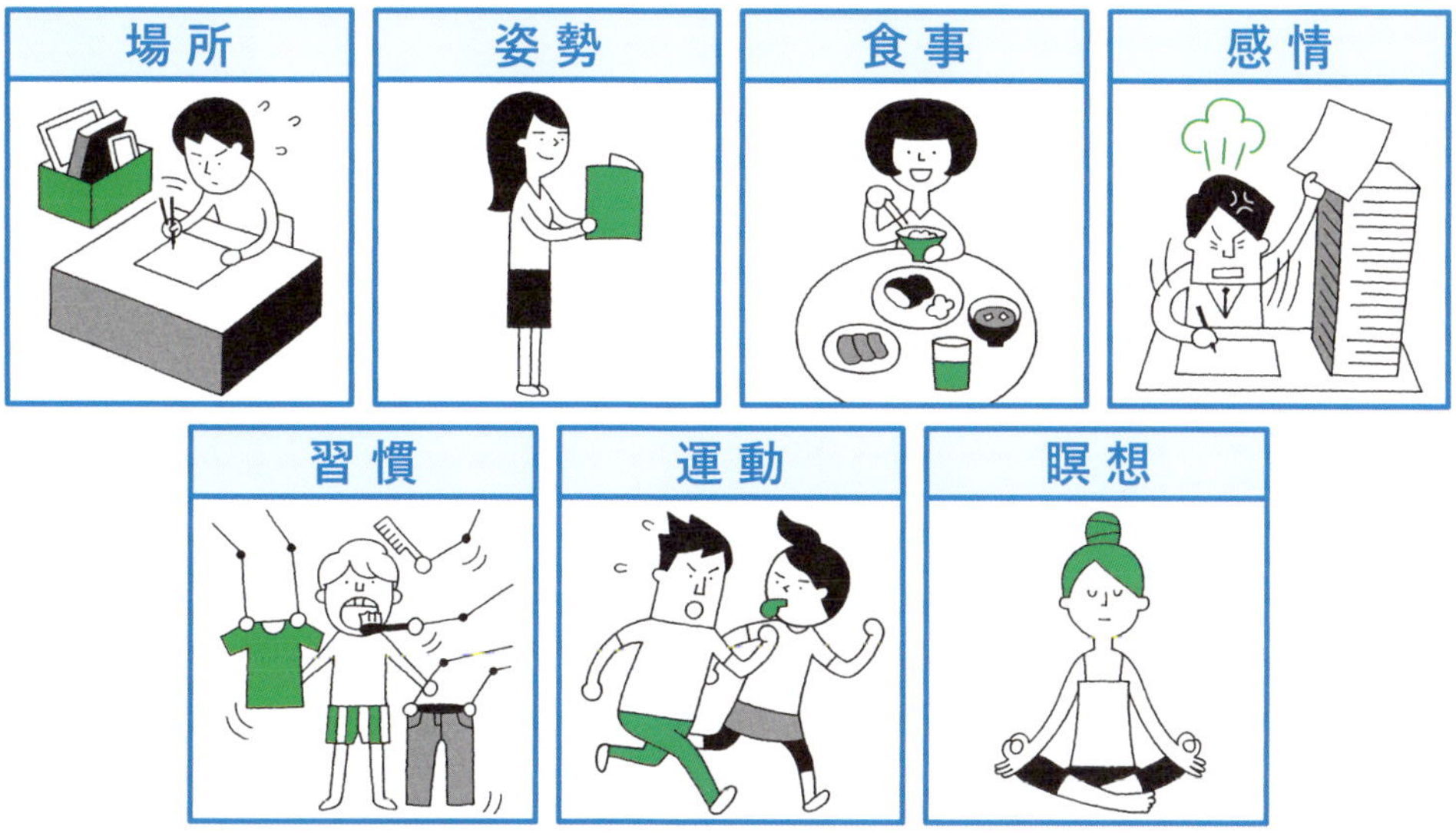
場所
姿勢
食事
感情
習慣
運動
瞑想

集中力は、誰にでも身につくスキルである

集中力をコントロールする術を身につければ、人生の密度が何倍にも高まっていく――。

　短時間で結果を出せる人とそうでない人の違いは、集中力を発揮する方法を「実践しているか・していないか」の差です。

　私は自分の身の回りにあるものすべてに注意力を奪われ、その結果、なにひとつ集中できなかった状態から、**目的からやるべきことを絞り込み、的を絞って集中する術《すべ》を身につけたことで、集中力をコントロールできるようになりました。**すると、同じ1時間でも処理できる「量」が、格段に上がったのです。

　1日24時間という時間は、すべての人に与えられた平等な資産です。しかし、集中力を自在に操れるようになると、その24時間でできることに圧倒的な「差」が生まれます。

　短時間で多くのことを学び、短時間で質の高い成果を出せるように変わるということは、それだけ勉強時間、仕事時間を圧縮できるということ。その結果、1日で平均的な社会人の6カ月に相当する生産性を発揮することも可能になります。

　実際、**私の読書量は1日20冊なので、単純計算で常人の200倍の生産性を発揮していることになります**（社会人の平均読書量は、月3冊であるとされています）。

　集中力が手に入ると、仕事や勉強が短時間で終わり、評価や成績が上がるだけでなく、あり余った時間でプライベートも充実していくのです。

どんなに疲れていても、集中力を発揮できる人の秘密とは？

　しかも、**いったん集中力をコントロールする術を身につけると、疲れているときも集中力が持続するようになります。**

　残業続きで辛い状況でも頼りになる先輩や上司、連戦が続く中でも好調を維持しているアスリートなど、疲れていてもパフォーマンスが落ちない人たちは、「自動化」「習慣化」という方法で、自分の集中力を維持しています。

　たとえば、同じゴルフをプレーしていても、プロはスイングについて「立ち位置は」「左に踏み込んで」などと、いちいち考えていません。数えきれない反復練習によって、彼らは正しいスイングを自動化しています。

　その結果、スイングの動きはとくに意識せずとも反射的に行なえる域に達しているのです。**その代わり、プロゴルファーはコースを攻めていく方法、戦略に集中しています。**

　集中力を発揮するとき、人は脳の前頭葉を使いますが、習慣化すると同じ作業を小脳が代わりに担ってくれるのです。

　すると、何が起きるのか。

　前頭葉の疲れる度合いが劇的に減り、集中力を発揮できる時間が延びていきます。また、習慣化された行動については集中せずとも自動的に処理できるため、周囲からは、疲れていても集中できる人のように見えるのです。

　この習慣化によって、集中力の源である前頭葉を、**別の新しい習慣を身につけるためにフルに使うことができる**わけです。

　一度、このサイクルを身につけ

1つずつ着実に習慣化する

疲れたままでも集中できる仕組み

1 1つのことにフォーカスして最速で身につける
2 集中力を使わず自動的にできるようになる
3 余った集中力で新しい1つを身につける
Aのことをバッチリ身につける！
まずはコレだ！
A
よし、Aはもう自然にできるぞ！
A
ふふ〜ん♪
次はBのことにチャレンジするぞ〜！
はい、次行こう！
B
集中力はまだまだ十分ある！

れば、集中力はみるみるうちに伸びていきます。

　もし、あなたが「資格試験の勉強をしないといけないのに、残業続きで家に帰るとやる気が起きない」「繁忙期になると、オフィスにいても集中が続かない」といった悩みを抱えているなら、ぜひ、本書を読み進めてください。どんなに疲れた状態でも、自動的に集中できるようになるでしょう。

　大切なのは1つの行動にフォーカスし、1つずつ着実に習慣化していくこと。すると究極の集中力が手に入ります。

　これは勉強でも仕事でも変わりません。1日10時間の詰め込み学習、企画書を仕上げるための徹夜は、効率を落とすだけです。

　もう「集中できないのは、自分が怠けているからだ」と落胆する必要はありません。集中力のメカニズムを理解し、適切なアプローチをすれば、より短時間ではるかに質の高い成果を出すことができるようになります。

古代ローマの哲学者セネカは、こんな言葉を残しています。

人生は短い。
人間に与えられた時間は、
束の間の虹のごとくである。
人生は短い。
この書物を読めば、
あの書物は読めないのである。
人生3万日しかない。

　しかし、集中力をコントロールする術を身につければ、**時間の密度が変わります。**

　この書物も、あの書物も読めるようになるのです。

　本書を読み終え、実践していただければ、あなたの人生の密度が何倍にも高まっていることに気づくでしょう。

　身につけた集中力は、人生すら思い通りにコントロールできる一生の武器になります。

2017年6月
メンタリストDaiGo

第3章 疲れをリセットする 3つの回復法

第4章 集中力を自動でつくり出す 5つの時間術

第1章

集中力を自在に操る 3つのルール

集中力の高い人に共通する 行動原則とは

科学的に正しい方法論に沿って鍛えていけば、誰でも簡単に各分野のプロフェッショナルやトップアスリートのような集中力を発揮できるようになります。

「子どもの頃から注意力が散漫と怒られてきたからなぁ……」「本を読み始めると5分で眠くなるタイプだから」などとあきらめ気味の人ほど、実は、すばらしい伸びしろを持っています。

では、どうすれば集中力を育むことができるのか？

その答えがこの先にあります。

ルール1

集中力の高い人は、鍛え方を知っている

「集中力は、生まれつきや根性で決まる」というのは大ウソ。

仕組みを知れば、集中力は鍛えられる

集中力にまつわる最大の誤解とは、「集中力＝生まれ持った資質」という思い込みです。

まえがきでも触れましたが、実は**集中力のある人、ない人の差は、その仕組みを知り、トレーニングを積んでいるかどうかの違いだけ**です。

ところが、その事実はあまり知られていません。

私は企業研修や学生向けセミナーでよく、「仕事や勉強が捗《はかど》りません」という相談を受けますが、こういう方の多くは、なかなかエンジンがかからず、仕事や勉強に取りかかるのが遅い。その結果、残業したり、深夜までダラダラ勉強したり……と、集中力をうまく使えていないことで、**貴重な人生の時間を無駄にしている**のです。

私も子どもの頃は、「学習障害なのではないか」と言われるほど、集中力が欠けていました。

しかし、方法論を研究、実践し、今では、集中力を自在に操り、1日に10～20冊の本を読めるようになっています。

集中力には「つくり方」があります。**正しい理論を知り、トレーニングすれば、誰でも思うように集中力をコントロールできる**ようになるのです。

集中力の源は、前頭葉のウィルパワー

集中力をつけるためには、「集中力の源」について知っておかなければなりません。

集中力が湧き出す泉は、額から2～3㎝奥、前頭葉にあります。

前頭葉は、「ヒトをヒトたらしめ、思考や創造性を担う脳の最高中枢である」と考えられています。

私たちは進化の過程で前頭葉を大きくし、他の動物にはない力を獲得しました。

それが「ウィルパワー」と呼ばれる、思考や感情をコントロールする力です。

ウィルパワーは、前頭葉の体力のようなもの。ゲームのキャラクターが、敵の攻撃を受けると体力が減るように、**ウィルパワーにも一定の量があり、集中力を使うたびに、少しずつ消耗していきます。**

一方で、良い睡眠を取る、エネルギー源となる食事を心がけるなどの行動によって、ウィルパワーを補給することができます（第2章参照）。

このウィルパワーには、2つの特徴があります。

- **ウィルパワーの総量には限りがあり、集中力を使うことによって消耗していく**
- **ウィルパワーの出どころは1つしかない**

とくに重要なのは、2つ目の「**ウィルパワーの出どころは1つしかない**」という点です。

私たちは、仕事、プライベートなど、それぞれに使うウィルパワーは別であると考えていますが、実はそうではありません。

超集中力 Column

集中力が続かない人ほど、その都度、目の前の作業に振り回されている

「集中力が持続しない」と悩んでいる人ほど、目の前のあらゆる作業をやろうとします。すると、限られたウィルパワーを非効率に使ってしまい、持続しません。何回やっても習慣化されず、一度に処理できるのは1つだけという状態に陥ります。

この状態から脱するには、新しい習慣を脳に覚えさせることに絞って、集中力を使うことです。

ウィルパワーを消費せずに処理できる作業を、1つずつ身につけていくことが大切です。

集中力の源、「ウィルパワー」とは？

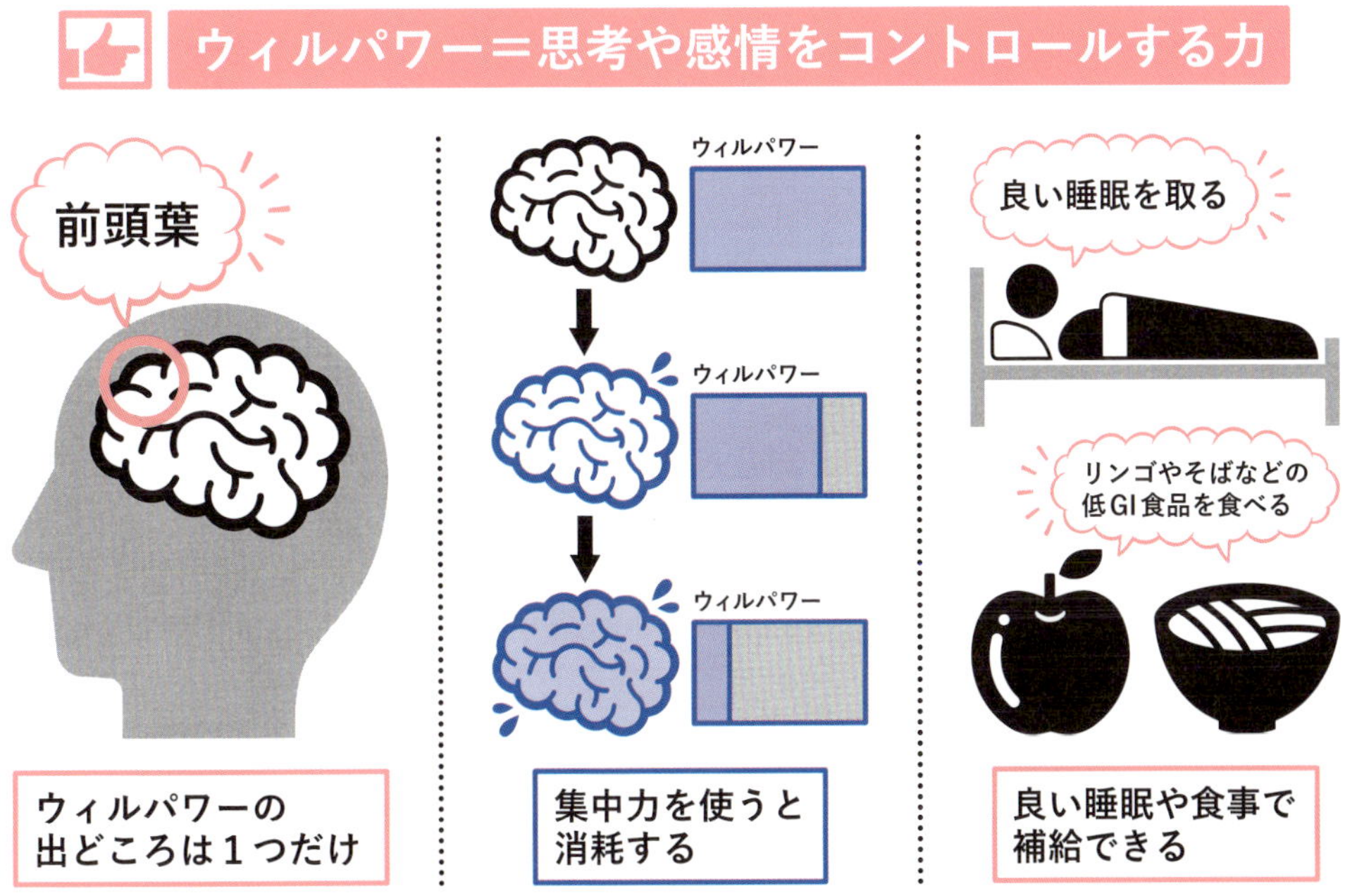
ウィルパワー＝思考や感情をコントロールする力
前頭葉
ウィルパワーの出どころは1つだけ
ウィルパワー
ウィルパワー
ウィルパワー
集中力を使うと消耗する
良い睡眠を取る
リンゴやそばなどの低GI食品を食べる
良い睡眠や食事で補給できる

ウィルパワーの出どころは1つだけ。仕事用、プライベート用と分けられない。

たとえば、「企画書を仕上げること」と「間食を我慢すること」という、**まったく関係のない行動でも、使われるウィルパワーの出どころは同じ**です。

つまり、「仕事が行き詰まっているからダイエットが続かない」というのは自然なこと。ウィルパワーが消費されてしまい、脳が休息を必要としているのです。

集中力を鍛える2つのアプローチ

集中力の源であるウィルパワーを高めるには、**トレーニングによってウィルパワーの総量を増やす方法と、行動や習慣を変えることで、ウィルパワーの消費量を節約する方法**があります。

社会心理学者ロイ・バウマイスターは、ウィルパワーを強化する実験を行ないました。学生たちを3つのグループに分け、それぞれ2週間、1つ目のグループには「姿勢に気をつけて生活する」、2つ目のグループには「食べたものをすべて記録する」、3つ目のグループには「前向きな気持ちを保つ」ように指示をしました。

2週間後、学生たちは、コメディ番組が流れるテレビの横で、単純作業を黙々とこなすテストを受けました。成績が良かったのは「姿勢に気をつけて生活する」と指示されたグループでした。

なぜかというと、**日頃、無意識にしている行為（猫背になったり、肘をついたり、足を組んだりする**

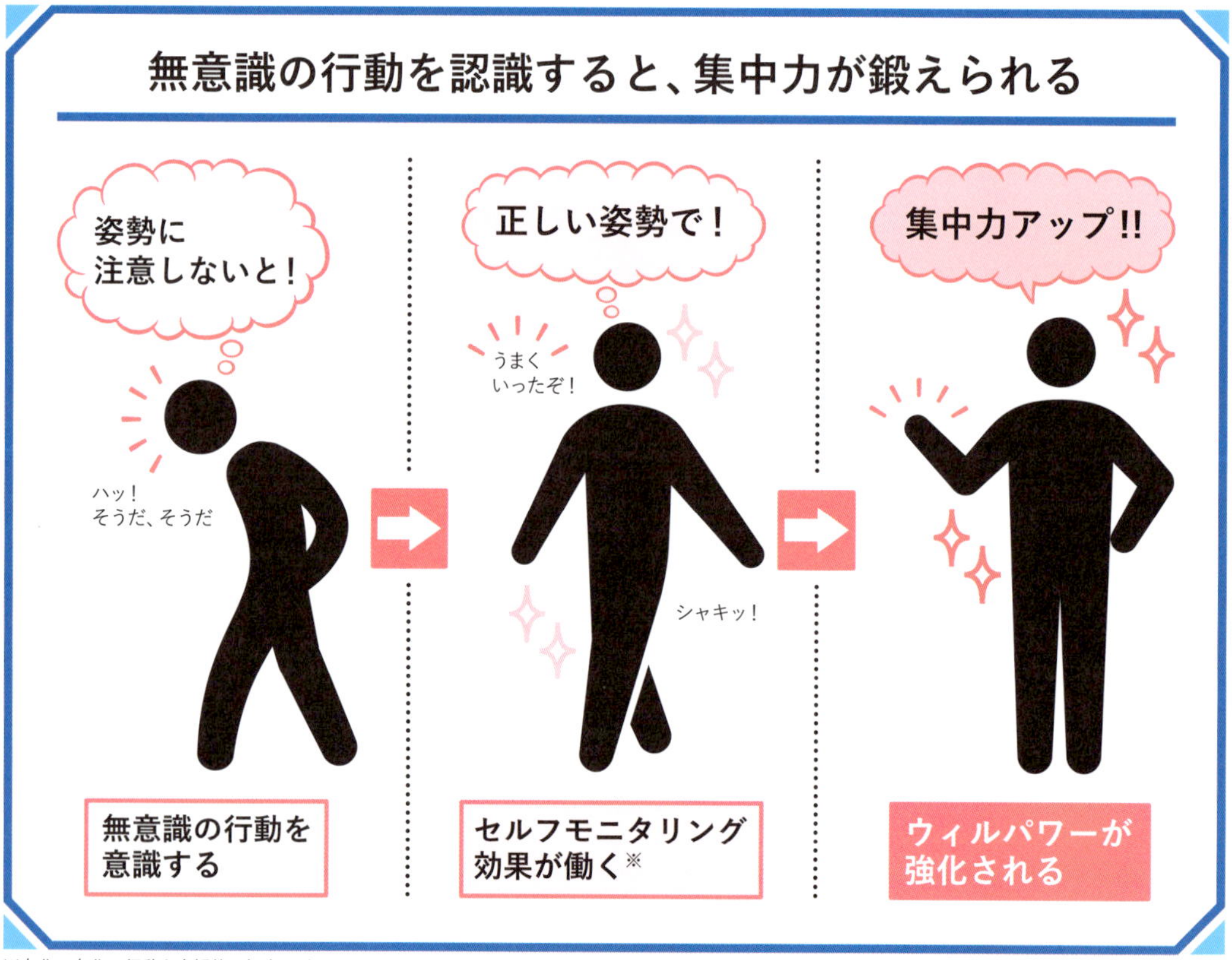
無意識の行動を認識すると、集中力が鍛えられる
姿勢に注意しないと！
ハッ！そうだ、そうだ
無意識の行動を意識する
正しい姿勢で！
うまくいったぞ！
シャキッ！
セルフモニタリング効果が働く※
集中力アップ!!
ウィルパワーが強化される

※自分で自分の行動を客観的に観察・評価して、そこから生じる達成感によって行動を強化する働き

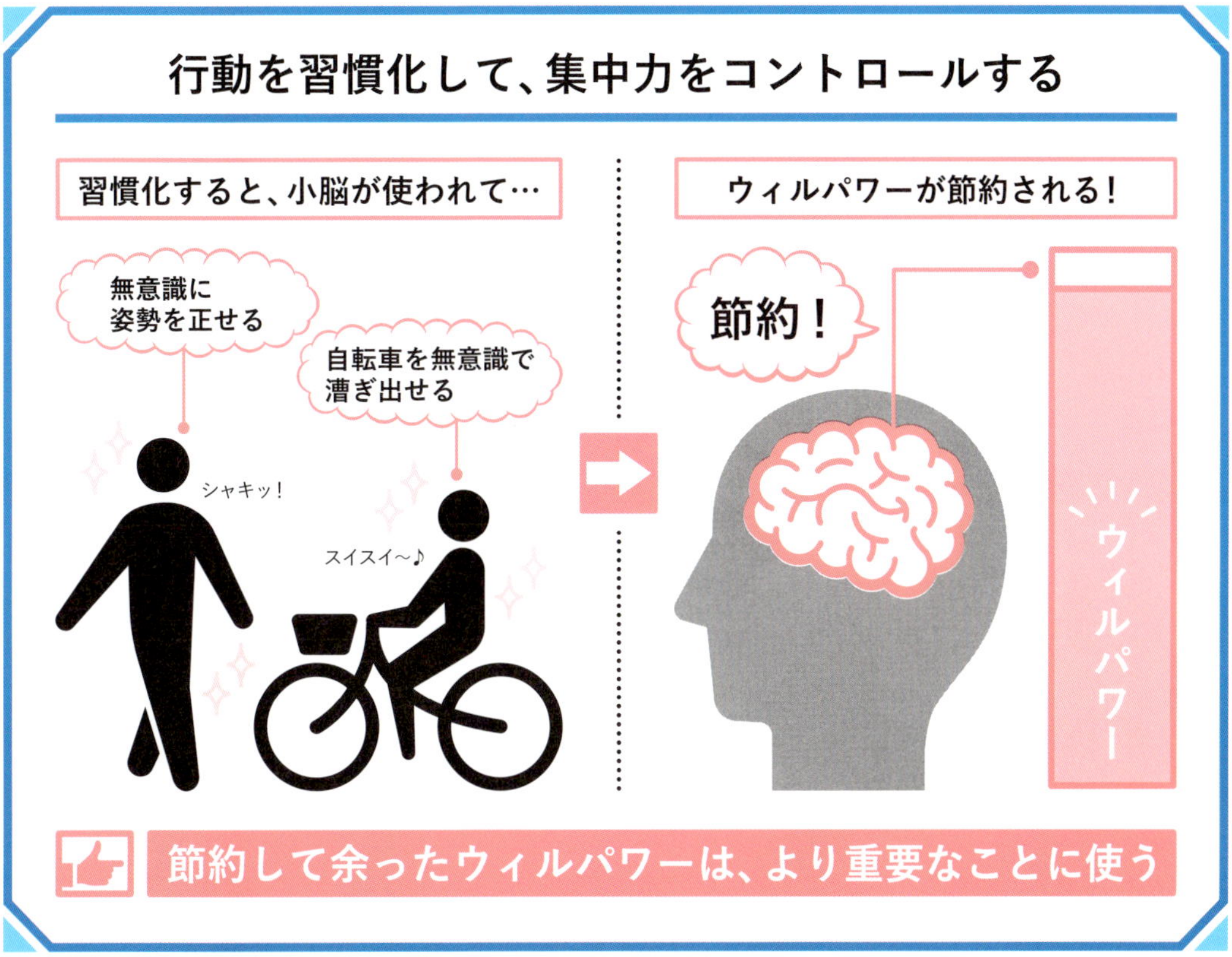
行動を習慣化して、集中力をコントロールする
習慣化すると、小脳が使われて…
無意識に姿勢を正せる
自転車を無意識で漕ぎ出せる
シャキッ！
スイスイ～♪
ウィルパワーが節約される！
節約！
ウィルパワー
節約して余ったウィルパワーは、より重要なことに使う

行為）を「やらないようにすること」は、強い集中力を必要とするからです。**無意識の行動に「はっ」と気づき、改める。この行動をくり返せばくり返すほど、ウィルパワーを鍛えられる**のです。

選択や決断がウィルパワーを消耗させてしまう

次は、ウィルパワーを節約する方法です。

「デザートを食べたかったけど、ダイエット中だから我慢した」「セミナーに参加して、自分が3年後にやりたいことを想像した」……。

このように、人は、何かを「我慢しているとき」や「望んでいるとき」にも集中力を使い、ウィルパワーが消費されています。

前頭葉には、選択や決断を担う領域があり、その領域を使った選択や決断の際に、脳は集中力を使い、ウィルパワーも減るのです。

集中力を保つには、ウィルパワーを節約すること。その節約に有効な方法が、**「習慣化」**です。

集中力をグンと高める 3 Point

1. ウィルパワーとは、集中力の源
2. ウィルパワーはトレーニングで増やすことができる
3. 行動の「習慣化」でウィルパワーを節約できる

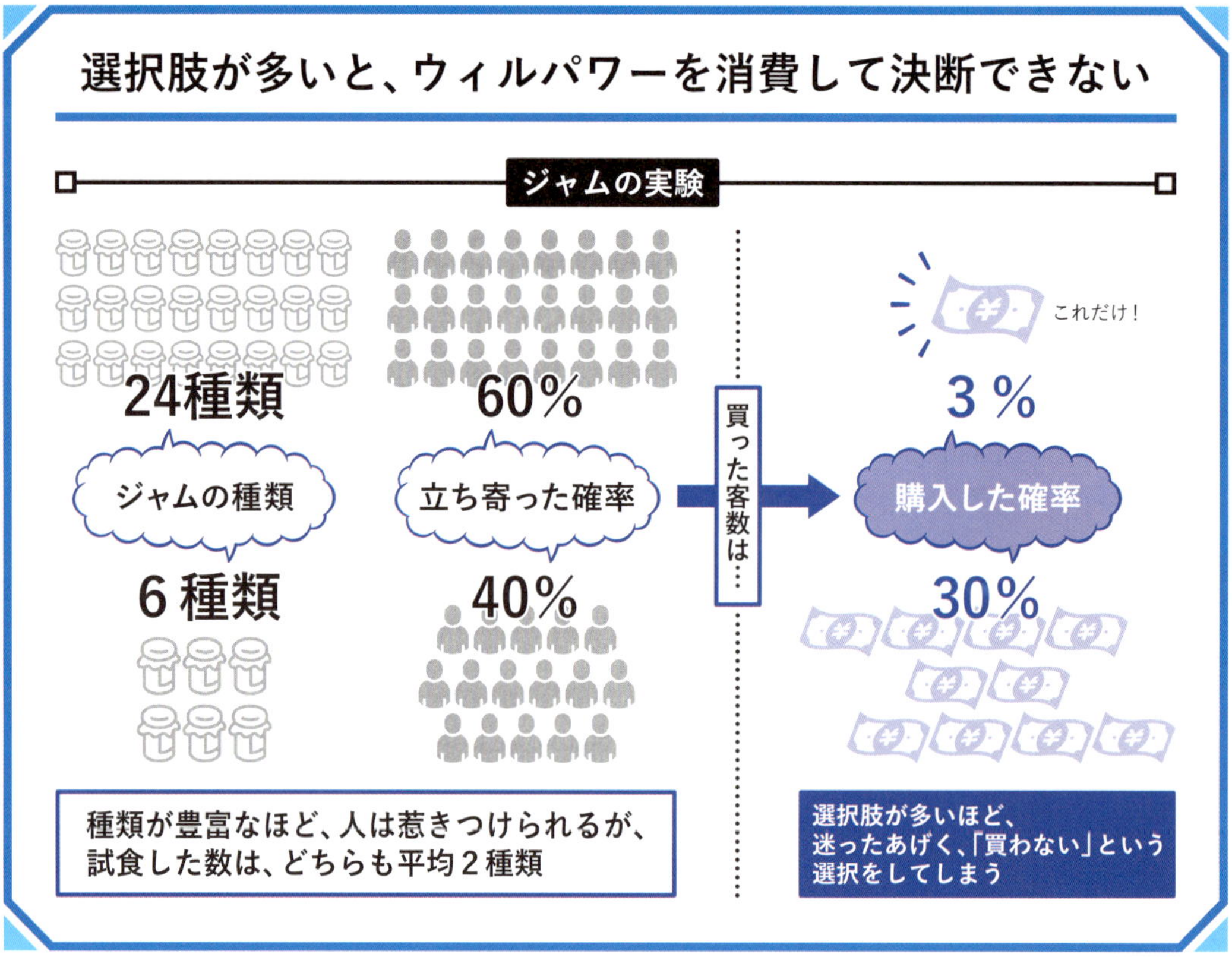
選択肢が多いと、ウィルパワーを消費して決断できない
ジャムの実験
24種類
ジャムの種類
6種類
60%
立ち寄った確率
40%
買った客数は…
これだけ！
3%
購入した確率
30%
種類が豊富なほど、人は惹きつけられるが、試食した数は、どちらも平均2種類
選択肢が多いほど、迷ったあげく、「買わない」という選択をしてしまう

行動を「習慣化」することで、ウィルパワーの消費量は節約できる。

たとえば、自転車は一度乗れるようになると、動作を意識せずに、ほぼ無意識で漕ぎ出せるようになります。

このように行動を習慣化し、定着させると、ウィルパワーを使わずに、集中状態に入れます。

すると、前頭葉ではなく、**小脳が主に使われるようになる**ので、ウィルパワーがほとんど消費されなくなるわけです。

そして、余ったウィルパワーを、より重要なことを習慣化するために発揮できるのです。

あなたが「疲れる」本当の理由

人間の意思決定に関して、上の図のような実験があります。

スーパーのジャム売り場に試食品を置くと、種類が豊富なときのほうが、より多くの客数が集まり、試食をしました。

これを見ると、選択肢が多いほうが、多くの人を惹きつけることがわかります。しかし、試食後にジャムを購入した割合は、その逆でした。

多すぎる選択肢は、ウィルパワーを人間から奪い、結局、決断できなくなるのです。

ウィルパワーが一定以下になると、この実験のように、「ジャムを買う」という決断を「先延ばし」にしてしまいます。

ところが、決定しなくてはいけないことを頭の中で「先延ばし」にしておくと、無意識に気にした状態が続きます。

これを**「決定疲れ」**といい、決定を放置し、後回しにした場合にウィルパワーが消費される現象を指します。つまり**人は、行動ではなく「意思決定」で疲れる**のです。

集中力を奪う細かい作業は、まとめて処理する

たとえば「メールを送る」といった細かい仕事を保留にすると、ウィルパワーは食われ続けます。

だから決断はすぐに下したほうがいい。そのために即決できる仕組みをつくったほうがいい。

こういった細かい仕事には、「バッチ処理」（下図）という考え方が有効です。雑事を思いついたら、大きめの付せんかメモ帳、スマートフォンにいったんメモして、すぐに頭の外に出すことです。

集中状態に入ったら、それ以外のことをやらない。そのほうが集中力は持続します。そして、雑事は翌日に残さないよう、最後にまとめて処理をします。

DaiGoからの Message

集中力の高め方は、①ウィルパワーを増やす ②ウィルパワーを節約する の2通りしかない。

やってみよう　細かい仕事は「バッチ処理」で片づける

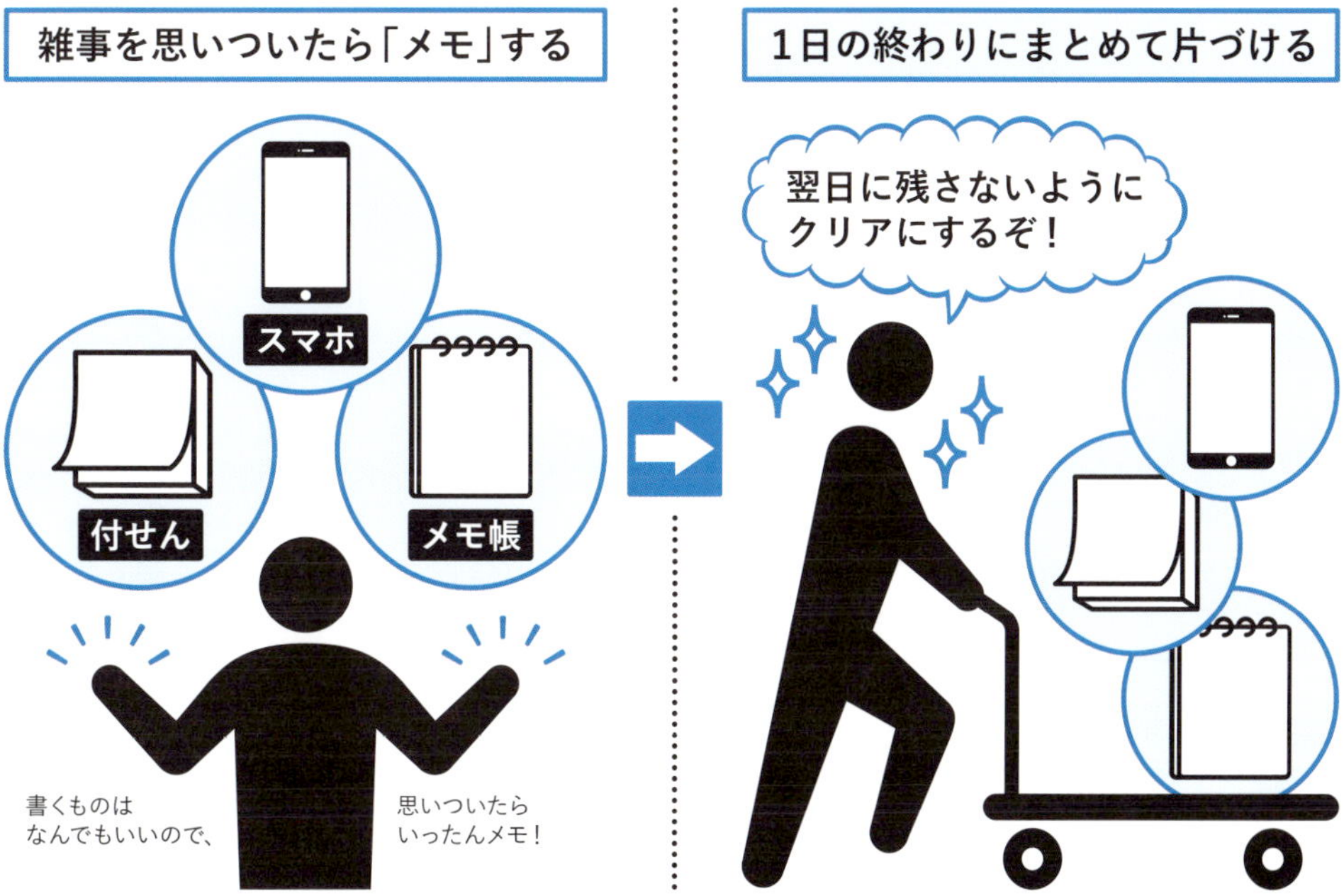
雑事を思いついたら「メモ」する
スマホ
付せん
メモ帳
書くものは
なんでもいいので、
思いついたら
いったんメモ！
1日の終わりにまとめて片づける
翌日に残さないように
クリアにするぞ！

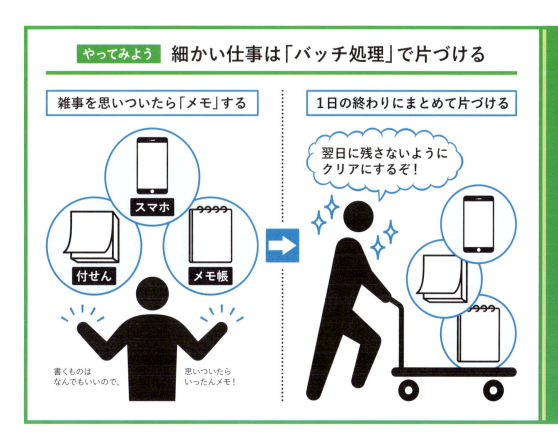

ルール2

集中力の高い人は、実は長時間集中していない

「できる人」は、短時間の集中をくり返している

集中力は、持続しないようにできている

集中力にまつわる2つ目の誤解は、「集中力＝ずっと続くもの」という思い込みです。**そもそも人間の脳は集中力が持続できないようにつくられています。**なぜなら、はるか昔、野生の時代の「本能」が残っているからです。

もし、食事だけに没頭していたら、いつ肉食動物に襲われるかわかりません。自然界においては、集中していないほうが、多方向に注意をはらうことができ、危険を回避できるのです。加えて、ウィルパワーは集中し、判断、決断を行なうたびに減っていきます。

集中力が続くのは、鍛えられた人でも120分といわれ、普通なら、大人でも子どもでも、長くて30分といったところでしょう。集中力は、作業を始めると徐々に高まっていき、ピークを過ぎるとグンと下降していきます。**もともと持続しない性質**なのです。

実は、**集中力がずっと続いているように見える人ほど、うまく休憩を挟み、短時間の集中状態をくり返しています。**短時間だから疲れず、疲れていないからこそ、集中状態をくり返せるのです。

飽きる前に焦らす。まとまった時間は短く区切る

「集中力は長く続かない」という性質を逆手に取る方法があります。

それは、**あらかじめ時間を短く区切り、「もう少しやりたかった」というところで、仕事や勉強を打ち切ってしまう方法**です。

途中で手を止めることのメリットは、3つあります。

①ウィルパワーを使いすぎる前に終わるので、疲れが溜まりにくい

②15分なら15分、30分なら30分と短時間で区切ると、時間管理がしやすくなる

③途中で終わった感覚が残るので、

「早く続きがしたい」と思える

とくに3つ目のメリットは大きく、休んでいる間も「もう少しやりたい」というモチベーションを保つことができます。すると再開したとき、スムーズに集中できるだけではなく、持続させることができるのです。

これを「焦《じ》らし効果」と呼びます。仕事や勉強のスピードを速くしたいなら、自分の「もう少しやりたい」という気持ちを上手に焦らすことです。

「休む」ことに抵抗がある方もいますが、手を止めても、**脳はやりかけのそのタスクを考え続けてくれることがわかっています**（詳しくは80ページ）。

取り組む時間を短くするほど、早く終わる

集中力が続くものと勘違いしてしまうのは、時間と同じく、集中力が目に見えないからです。目に見えないものに対し、人はつい「無限にある」と思い込みます。

超集中力 Column

制限があるほど、集中が習慣化され、質の高い成果を得られる

時間を区切り、集中力が高まると、費やした時間が同じでも、より質の高い成果を得ることができます。

「重要な仕事ほど忙しい人に頼め」とよく言われますが、これは忙しい人ほど、集中力を活かすリズムを身につけているからです。

集中して作業することが習慣化されているので、同じ時間でも、人より多くの作業量をこなすことができる。つまり、「仕事力＝集中力×時間」という公式が成り立つのです。

短時間の集中状態をくり返すのが効率的
集中だ！
さあ、やるぞ！
15分集中
休憩
15分集中
休憩
でも休憩！
もう15分か。もう少しやれたな～
早く続きがやりたいな～
でも休憩だ♪

時間に制限のある状態のほうが、ウィルパワーの浪費が減り、集中が増す。

歴史学者シリル・ノースコート・パーキンソンが、「仕事は、完了するために割り当てられた時間に応じて複雑なものへと膨れ上がっていく」と指摘しているように、人は「時間が十分にある」と勘違いすると、目の前の仕事に対して、さまざまな選択肢を考え、試行錯誤を重ねてしまいます。

たとえば、60点程度の完成度でいい仕事なのに、100点を目指してしまうと、途中で疲れて、結果的にクオリティが下がります。

そうなる理由は、選択肢が増え、決断する機会が増えるほど「迷い」が生じ、ウィルパワーを失っていくからです。

パーキンソンはこうした事態に対して、**仕事や勉強の時間を短く区切る**ことを提案しています。

時間を区切ると、できることは自然と絞られます。これは不自由なようですが、集中力は自由なときよりも制限のある状態のほうが高まっていくのです。

期限が決まれば、**そこまでに最低限やらなければならない仕事量と処理にかかる時間を意識し、発想が変わります。**取り組む仕事と使える時間が定まると、選択肢が絞られ、その結果、ウィルパワーの浪費が減り、集中が増すのです。

集中力は、ノートを開くだけで失われていく

短い休憩から速やかに仕事や勉強に戻るには、**「環境」を強制力として活用する方法が有効**です。

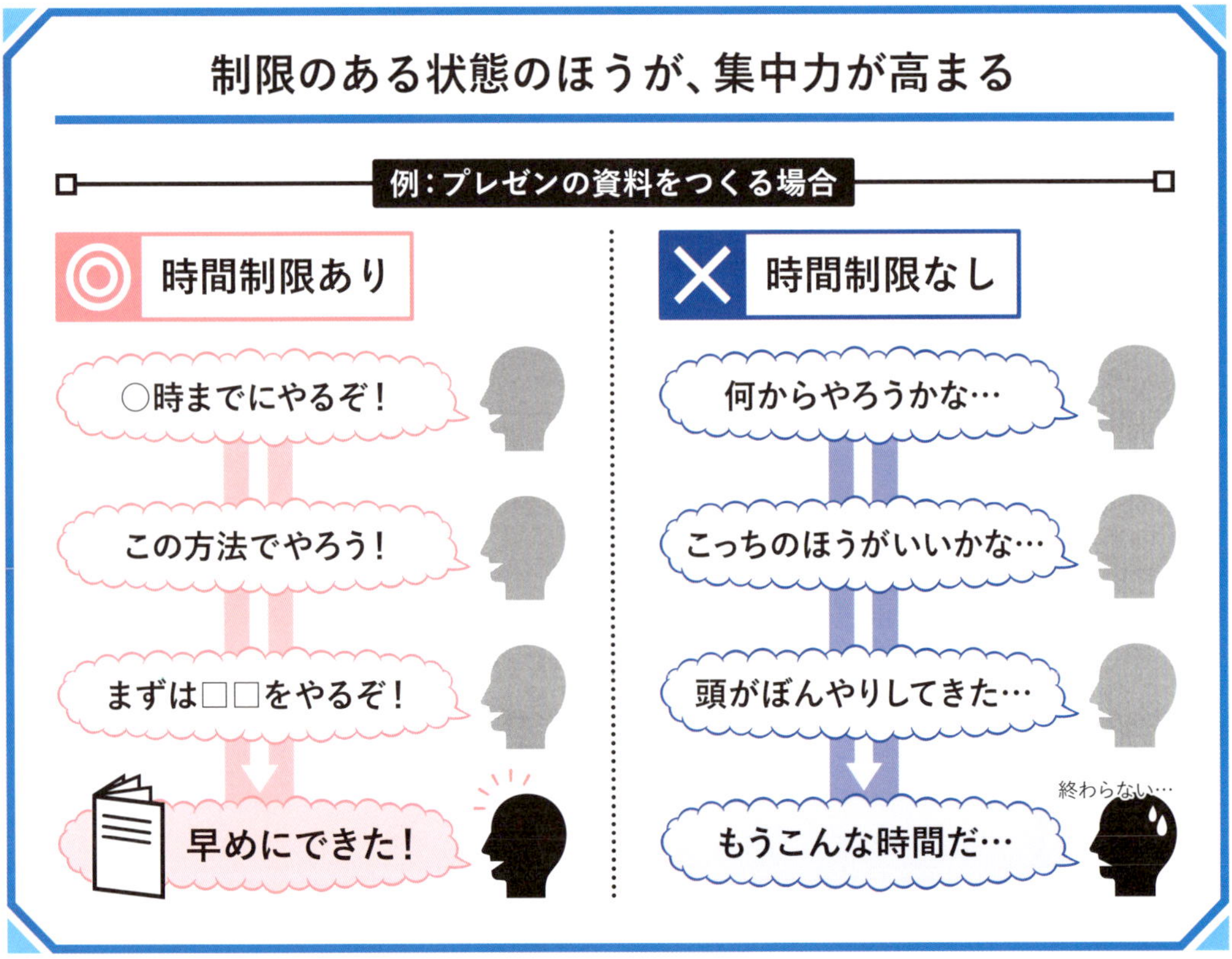

制限のある状態のほうが、集中力が高まる
例：プレゼンの資料をつくる場合
時間制限あり
○時までにやるぞ！
この方法でやろう！
まずは□□をやるぞ！
早めにできた！
時間制限なし
何からやろうかな…
こっちのほうがいいかな…
頭がぼんやりしてきた…
もうこんな時間だ…
終わらない…

集中力を奪う選択肢やモノは減らしておく

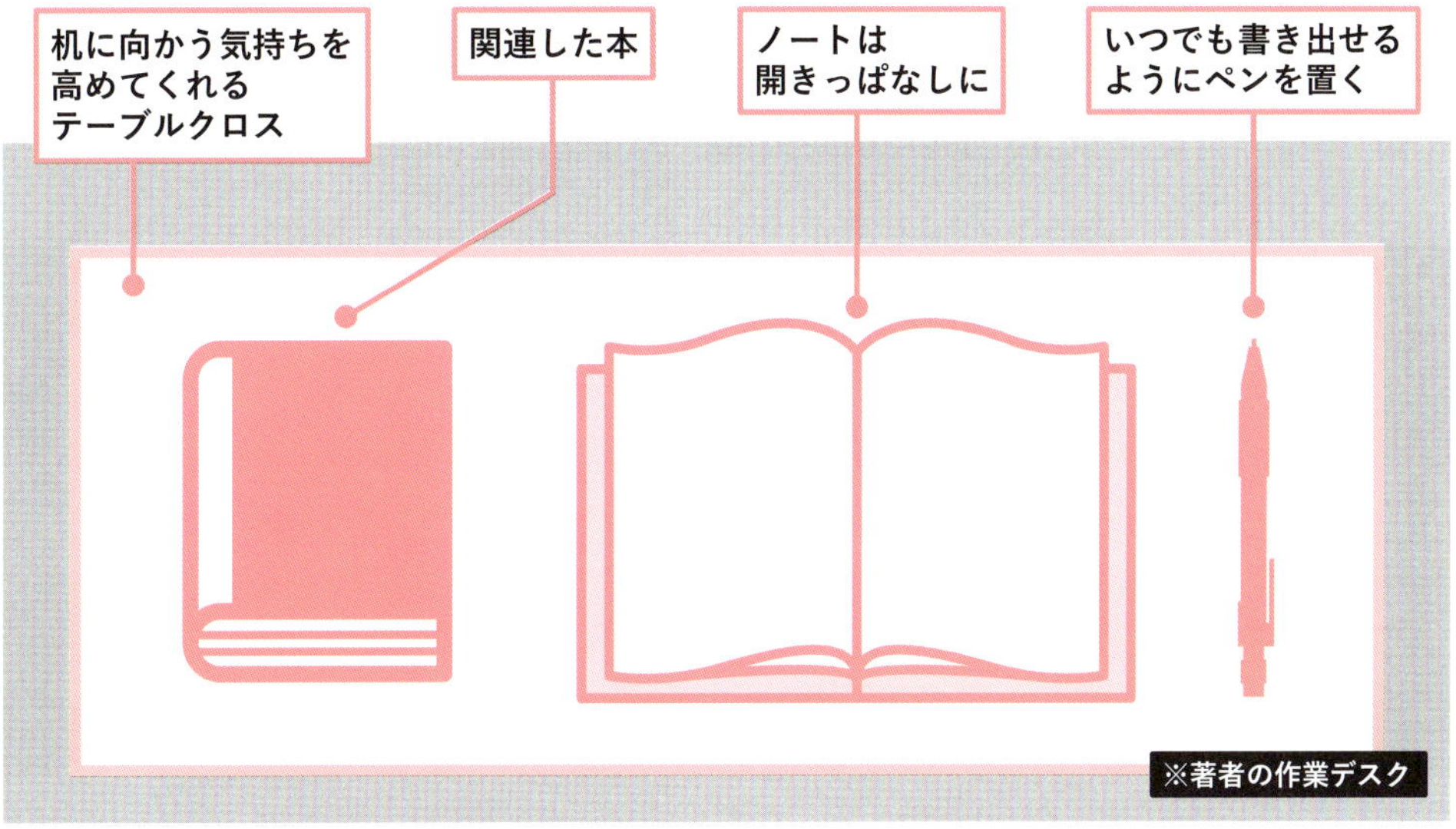
机に向かう気持ちを高めてくれるテーブルクロス
関連した本
ノートは開きっぱなしに
いつでも書き出せるようにペンを置く
※著者の作業デスク

すぐに行動に移せる「環境」をつくろう

私のデスクには、開きっぱなしのノートと関連する本、いつでも書き出せるためのペン、テーブルクロスしかありません。

テーブルクロスは、学ぶことの楽しさを再確認したオックスフォード訪問時に購入したもので、机に向かう気持ちを高めてくれます。

こうした環境づくりでポイントになるのが、**自分を行動しやすくすること**。具体的には、選択肢やモノを減らし、集中力を奪う迷いや決断を減らすことです。

「ノートを開く」という決断だけでも、ウィルパワーは消費されてしまうのです。

ある実験では、解けないパズルを使い、被験者に「どのパズルを解くか」を選ばせた場合と選ばせなかった場合では、選ばせたほうが早くギブアップしました。

つまり、**決断をしないで取り組んだほうが、長く粘れる**。意思決定をしてから作業に入ると、集中できる時間は減ってしまうのです。

ですから、「ペンを持つだけで始められる」環境をつくれたら、その分、集中力が持続します。

DaiGoからの **Message**

最大の成果は、短時間の集中のくり返しによって手に入る。判断や迷いがなくなる分、集中力は高まる。

ルール3

集中力の高い人は、「疲れ」を脳でコントロールしている

「疲れているから集中できない」は、脳の錯覚。

「疲れた」ままでもなぜ集中できるのか？

疲れ、やる気、モチベーションは、実は主観的なもので、勝手に上がったり下がったりするものではないことがわかっています。

やる気やモチベーションの低下や脳が感じる疲れは、体に疲労物質が溜まって筋肉の動きが低下する、といった実態のある現象ではないそうです。

簡単に言えば、**脳が感じる疲労感は単なる思い込み**。つまり、「疲れているから、集中できない」というのは錯覚にすぎず、**脳の仕組みを知りさえすれば、疲れを切り離し、やる気と集中力を取り戻すことができる**のです。

トップアスリートが鍛えていたのは「脳」だった

アスリートを対象にした実験では、被験者が「もう走れない」と感じているとき、肉体的な限界を示す乳酸値などを調べてみると、意外にも**数値は限界に達していないことがわかりました。**

なぜ限界を感じたかというと、**防衛本能から脳が勝手に「限界だ」と、ブレーキをかけていた**のです。そこで、アスリートとしての能力を伸ばすために、脳が感じる限界を超えるためのトレーニングをします。それが、高地トレーニングなど、負荷の高いトレーニングです。

これは、脳の感じる限界を超えた負荷を与えることで、「疲れた」という錯覚の起きるレベルを引き上げていく狙いがあります。心理学的に言えば、**暗示の一種**。あれだけがんばったのだから、今度も限界を超えられる——。そう言い聞かせることで、**脳のブレーキを緩《ゆる》めて、「疲れた」という思い込みを解き、本来の力を引き出していく**のです。

この考え方は、集中力を鍛える

方法にも応用できます。

「ヒジ」と「ヒザ」を、なぜ錯覚するのか

心理学者ダニエル・カーネマンが紹介した理論に、「プライミング効果」があります。これは、**観念によって人の行動が変わる**という理論です。

「ピザ」と10回言った後、肘を指して「ここは？」と聞くと、「ヒザ」と答えてしまう、という遊びがありましたが、これも「プライミング効果」の一例で、事前に印象づけられることで、わかっていても間違えてしまう現象です。

22ページの図のように、あらかじめ被験者に「ライオン、ゾウ、キリン」といった単語を見せておき、「スピードの速いものは？」と質問すると、「チーター」「馬」といった答えが返ってきます。

「光」「新幹線」など、より速いものが他にあるにもかかわらず、被験者は自ら答えのイメージを「動物」に限定してしまうのです。

集中力をグンと高める 3 Point

1. 脳が感じる疲労感は単なる思い込み
2. 暗示が脳に与える力は非常に大きい
3. 「意識」と「記録」で集中力を高めることができる

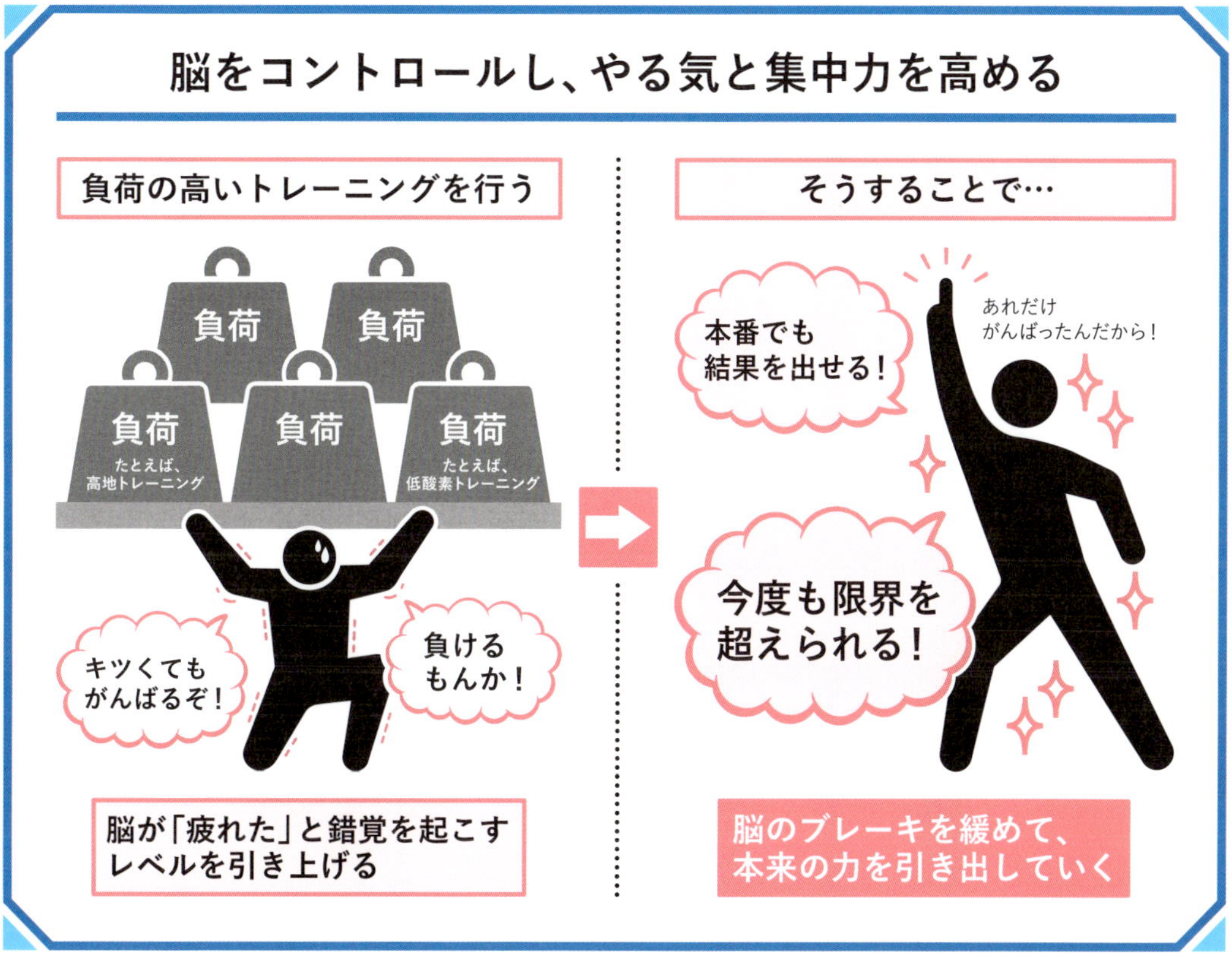
脳をコントロールし、やる気と集中力を高める
負荷の高いトレーニングを行う
負荷
負荷
負荷
たとえば、高地トレーニング
負荷
負荷
たとえば、低酸素トレーニング
キツくてもがんばるぞ！
負けるもんか！
脳が「疲れた」と錯覚を起こすレベルを引き上げる
そうすることで…
本番でも結果を出せる！
あれだけがんばったんだから！
今度も限界を超えられる！
脳のブレーキを緩めて、本来の力を引き出していく

脳にプライミング効果の暗示がかかると、自然と集中できるようになる。

このようにプライミング効果は、外部から入ってくる情報によって、自動的に引き起こされ、その後の意思決定や思考に影響を与えます。

プライミング効果の力がわかる、もう1つの実験をご紹介しましょう。学生に対して、「彼」「見つける」「それ」「黄色」「すぐに」など、5つの単語のセットから4つの言葉を拾い、「彼はすぐにそれが黄色だとわかった」というような短文をつくらせました。

その際、あるグループには、単語の中に1語だけ、「忘れっぽい」「禿《は》げ」「シワ」など、高齢者を連想させる言葉を混ぜておきます。

文章作成の後、学生たちを別室に移動させ、その移動時間を計測すると、高齢者関連の単語を扱ったグループは、**他のグループよりも、歩く速度が遅くなるという結果が出ました。**

直接、高齢者という言葉が出ていないにもかかわらず、**高齢者の概念をイメージさせる先行刺激を与えただけで、歩く速度が遅くなるという行動につながった**のです。

プライミング効果で、自分を素早く動かせ

この現象を戦略的に利用することで、集中力を高めることができます。それは**「集中力を保つことができた」と、自分が感じられた環境や時間を記録する方法**です。

ある実験では、ホテルの客室清掃係を2グループに分け、一方のグループだけに、清掃作業で消費

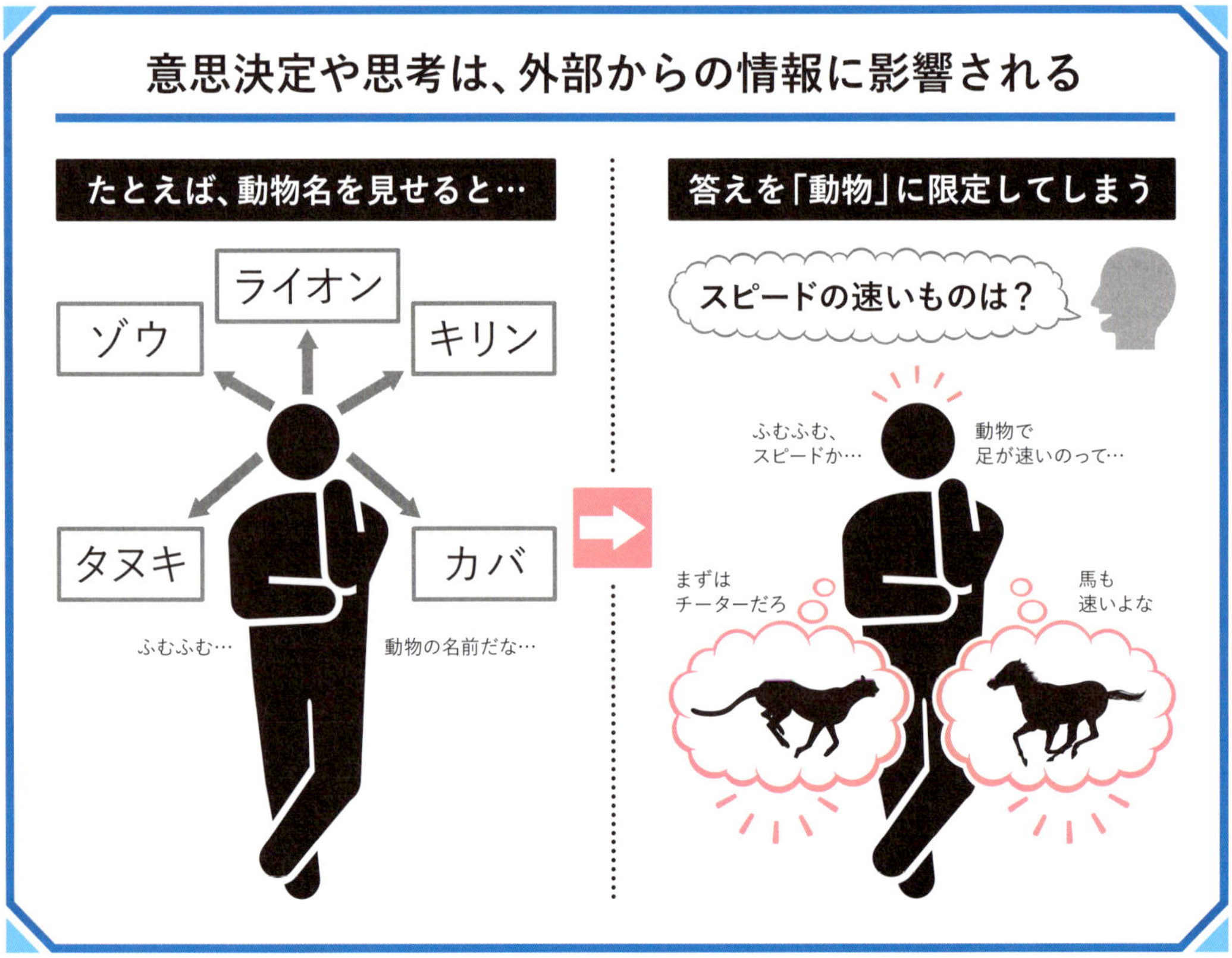
意思決定や思考は、外部からの情報に影響される
たとえば、動物名を見せると…
ライオン
ゾウ
キリン
タヌキ
カバ
ふむふむ…
動物の名前だな…
答えを「動物」に限定してしまう
スピードの速いものは？
ふむふむ、スピードか…
動物で足が速いのって…
まずはチーターだろ
馬も速いよな

「意識」は、成果を大きく上げる

体年齢が若返った！
血液の健康度が上がったぞ！
体脂肪が下がったぞ！
シーツを外す➡〇〇kcal
シーツを敷く➡〇〇kcal
風呂掃除➡〇〇kcal
今日の合計
〇〇〇kcal

するカロリーを一覧にした、カロリー表を配付しました。

　そして、カロリー表を配ったグループには、1日の勤務の最後に、仕事を通じて消費したカロリーを計算してもらいました。

　すると、まったく同じ作業をしているのに、2つのグループの間では、**健康状態が大きく変わる**という結果になりました。

　カロリー表を手に消費カロリーを記録していたグループだけに、**体脂肪が落ち、血液の健康度が上がり、体年齢が若返るといった現象が起きた**のです。

　単に作業するだけではなく、その作業が健康にいいと意識するだけで、体の状態が変わったのです。

　同じ時間、同じ作業をしていても、どこに意識を向けるかによって、成果には大きな差が出ます。

　集中力に関していえば、どのくらいの時間、どのような環境にいると集中できたのかを記録すること。それをくり返すうち、**脳にはプライミング効果による暗示がかかり、その環境、その時間帯に自然と集中できるようになります。**

DaiGoからのMessage

無意識に秘められた
パワーは大きい。
集中を妨げる「幻想の疲れ」を
打ち砕け。

第1章 集中力を自在に操る3つのルール まとめ

1 集中力は、生まれ持った素質ではない。トレーニングによって誰でも強化できる

2 ウィルパワーを高める方法は、2つ。総量を増やす方法と消費量を節約する方法

3 人は、行動ではなく、「意思決定」で疲れる。決断の「先延ばし」はウィルパワーを減らす

4 集中力が長く続いているように見える人は、短時間の集中をくり返している

5 「もう少しやりたい」という気持ちを焦らすと、パフォーマンスが向上する

6 仕事や時間を短く区切るほうが、集中力を発揮できる

7 脳が感じる疲労感は、思い込み

8 同じ作業をしていても、どこに意識を向けるかによって、結果に差がつく

第2章

高い集中力を生み出す 7つのエンジン

トップスピードで「すぐ没頭できる」自分に変わる

本章では、「集中力を起動させる７つのエンジン」について説明します。

これらのエンジンを巧みに使い分けることで、あなたの中に備わっている才能の力を借り、自在に集中力を発揮できるようになります。第１章でお伝えした、

①「ウィルパワーを増やす」

②「ウィルパワーを節約する」

という２つの視点をイメージしながら、読み進めてください。

エンジン1

［場所］

いるだけで集中してしまう環境を整えろ。

色彩の作用を知れば、自分を「望む方向」へ誘導できる

いきなりですが、質問です。

「勉強机にペン立てを置くならどれがいいと思いますか？」

①赤色のペン立て
②水色のペン立て
③黄色のペン立て

勉強机に置くなら「水色」が最適です。なぜなら、「水色には、集中力を高め、体感時間を短くする効果がある」と言われているから。

色が心に与える影響は、色彩心理学として理論化されています。

赤色は闘争心をかき立て、黄色は注意力を喚起し、緑色にはリラックス効果があります。ですから、勉強机に赤色のペン立てを置くのは最悪で、思考力が低下してしまうことがわかっています。

私たちは、無意識のうちに色によって誘導されているわけですが、逆に考えれば、**色彩の作用を知っているだけで自分を「望む方向」へ誘導できる**のです。

そのスマホが、あなたから集中力を奪う

人は集中し始めるときに、より多くのウィルパワーを使います。

たとえば、書類を作成しようとパソコンのキーボードに向かった途端、メールの受信音や電話の着信音が聞こえ、スマホが明滅する。その音や光に気づき、視線をスマホの画面に向けただけで、ようやくかかり始めていた集中のエンジンは止まってしまいます。

集中力を促すためにまず見直したいのは、**机周りや作業スペースでのスマホやケータイの扱い、そしてモノを片づける**ことです。

私が実践しているのは、マナーモードやサイレントモードにしたうえで、引き出しの中にしまってしまうという方法です。机の下の足元や背後のキャビネットなど、目につきにくい場所がいいでしょ

う。**スマホやケータイをはじめ、注意をそらすものを断捨離する。**これが集中力を起動させる「場づくり」の基本となります。

モノを減らすほど、自己コントロール力が増す理由

モノが散らかっている部屋や机は集中力を奪います。部屋を歩いていて何か障害となるモノがあると、不安や恐怖を司る脳の扁桃体が反応してしまうからです。

机の上や家の中がきれいに保たれていないと集中力は下がり、自己コントロール機能も低下するので、家族と喧嘩しやすいなどのデメリットが生じます。

環境と条件で、自分を誘導する

私の勉強部屋や、仕事部屋にあるのは、テーブルと本だけ。仕事や勉強に関係のないモノは、一切持たないようにしています。

超集中力 Column
机に置くだけで、集中力が高まるアイテムとは？

いつもよりも長く集中していたいとき、私は自分の顔が映る位置に「鏡」を置きます。疲れたなと感じて顔を上げたとき、視線の先に鏡に映った自分の顔があると、だらけ始めた自分に気づき、理想の自分に近づけようと思う力が生まれます。

こうした思いを心理学では「自己認識力（客観的に自分を見る力）」と呼びます。高い集中力を保って机に向かう自分でありたい。鏡に映る自分を見ることは、自己認識力を高める効果があります。

色の作用を知っているだけで、自分を誘導できる

◎ 水色のペン立て
あれ、なんだか集中できるぞ！
集中力が高まり、体感時間が短くなる
× 赤色のペン立て
うおおお〜っ！があああ〜っ！
闘争心は増すが、思考力が低下する
× 黄色のペン立て
注意しないと…注意しないと…
注意力が喚起される

部屋を目的に合わせて最適化すると、集中力を起動させるエンジンとなる。

すると、その何もなさが〝強制力〟となり、その部屋で唯一できることに集中するようになるのです。

逆に言えば、**集中したい対象以外、「何もない場所」をつくることで自然と集中力は高まり、勉強も仕事も捗っていきます。**

部屋を目的に合わせて最適化するのは、人間の本能を活かした、集中力を起動させるエンジンとなります。

アイデアは天井の高さに比例する

集中したい対象によって、自分が身を置く場所を変えたほうが効率的なケースもあります。

たとえば、ある調査によると、**天井の高い部屋のほうが人はアイデアを生み出しやすくなる**そうです。つまり、いいアイデアが欲しいときは、天井の高い部屋へ行くか、青空の下を散歩すればいいということです。

一方で、天井の低い部屋は細かい作業に集中しやすくなることもわかっています。基礎知識や基本問題を頭に叩き込むような勉強をするとき、会計や事務などの手作業をするときには天井の低い部屋のほうが、集中できます。

ぜひ、オフィスや学校、カフェなど、あなたの身の回りで、天井の高い場所と低い場所を探してみてください。自分で選んだ環境は、21ページで述べたプライミング効果も発揮することでしょう。

作業スペースの上に、余計なものは置かない

スマホは電源を切って引き出しの中にしまう
OFF

デスクの上は常に集中したいものだけを置く

アイデアが出やすい場所の3条件

1 天井が高いほうがアイデアが生まれやすい
2 薄暗い光(黄色)の下では、クリエイティビティがアップする
3 カフェくらい騒々しいほうがアウトプット作業に向いている

集中力を高めてくれる光と音がある

集中力と分析能力を高めてくれる光と音

スマホやパソコンの画面が発するブルーライトを寝る前に浴びると、睡眠の質が落ちると言われています。しかし、ドイツで行なわれた研究によって、**昼間に浴びるブルーライトは集中力を高めてくれることがわかりました。**さらに昼食後の頭がぼんやりしやすい時間帯に、集中力を保つのに役立つと指摘する研究もあります。

一方で、**白熱電球などの黄色い光の下では、クリエイティビティがアップします。**また、実に50％以上の東大合格者が、自分の部屋ではなく、リビングや喫茶店など、あえて「騒がしい場所」で勉強をしてきたことがわかっています。

組み合わせるなら、**天井が高く、少しざわざわした薄暗い店でアイデア出しをすると、普段は思いつかないようなユニークな発想が出てくる**可能性が高まるのです。

自分が最も重視したい目的に向けて、部屋を整えましょう。

DaiGoからの Message

スマホや不要なモノから離れるほど、集中力は高まる。目的に応じて自分だけの「集中ルーム」を持っておこう。

エンジン2

［姿勢］

もう長時間、座らない！　姿勢とパフォーマンスの驚くべき関係とは？

集中するために、正しい「姿勢」が大切な理由

長時間、デスクワークを続けていたら、無意識のうちにあくびが出て、何回も伸びをしていた……という経験は、ありませんか？

集中が途切れてしまった原因は、「姿勢」にありました。

散らかった部屋がウィルパワーを奪うように、集中に適さない姿勢で作業することは、ウィルパワーの浪費につながります。

作業の前に姿勢を整える。たったそれだけの準備が、集中しやすい状態へと導いていくのです。

その理由は、脳の仕組みにあります。集中力の源であるウィルパワーを司る**前頭葉（脳）のエネルギー源は、ブドウ糖と酸素**です。そして、この2つを脳に送り届けるのが、**「血流」**です。

健康な人の脳には、体内の全血液の15％が集まっていますが、脳の大きさは、全体重に占める割合の2％ほど。そんな小さな器官に大量の血液が集まるということは、脳がいかにたくさんのエネルギーを必要としているかがわかります。

この脳へ向かう血流と密接に関係しているのが、姿勢です。

血液は心臓がポンプの役割をし、体中を巡っています。

通常は、この血液の循環だけで、日常生活に足りるエネルギーが全身に供給されます。

しかし、ジョギングなどをすると、鼓動が速くなるように、エネルギーを多く使うときには変化が生じます。

これは、集中力を持続して発揮させたいときも同じ。脳は通常時よりもブドウ糖と新鮮な酸素を必要とします。そこで問題となってくるのが、姿勢です。

座り姿勢は、長時間になると、無意識のうちに崩れてきます。

たとえば、猫背になると胸のあたりが圧迫され、自然と呼吸が浅くなります。すると、血液の循環が落ち、脳が求めるペースで新鮮

な酸素を供給できなくなる。

逆に、**姿勢を正すと呼吸が深くなり、血液が循環しやすくなります。**姿勢を正すことは、集中力を高めるのに、とても重要なのです。

あなたは、集中しづらい座り方をしていませんか？

姿勢が良くなると、前頭葉の機能が活性化される効果もあります。

これは、横隔膜などの呼吸に関係する筋肉が正常に働き、前頭葉により多くの酸素が送り込まれるようになるからです。

では、正しい座り姿勢について、チェックしていきましょう。

- **背中が丸まっている**
- **肘掛けやデスクに片肘をついている**
- **腰が伸びてしまっている**
- **脚を組んでしまう**

こうした座り姿勢では、集中力が途切れがちになってしまいます。

集中力が起動する「座り姿勢」のポイントは、32ページの図の4点です。

超集中力 Column

集中力を持続する姿勢のためにデバイスや道具を活用する

私は、正しい座り姿勢を維持するために、姿勢が悪くなると振動でそれを教えてくれる、「Lumo Lift」というウェアラブルデバイスを愛用しています。

そのほか私は、スタンディングデスクとスツールを組み合わせて使っています。立つと姿勢も良くなり、血流も改善します。スツールは、気軽に立ったり座ったりできるように、背もたれのないシンプルなものを使っています。座面の調整ができるとベストです。

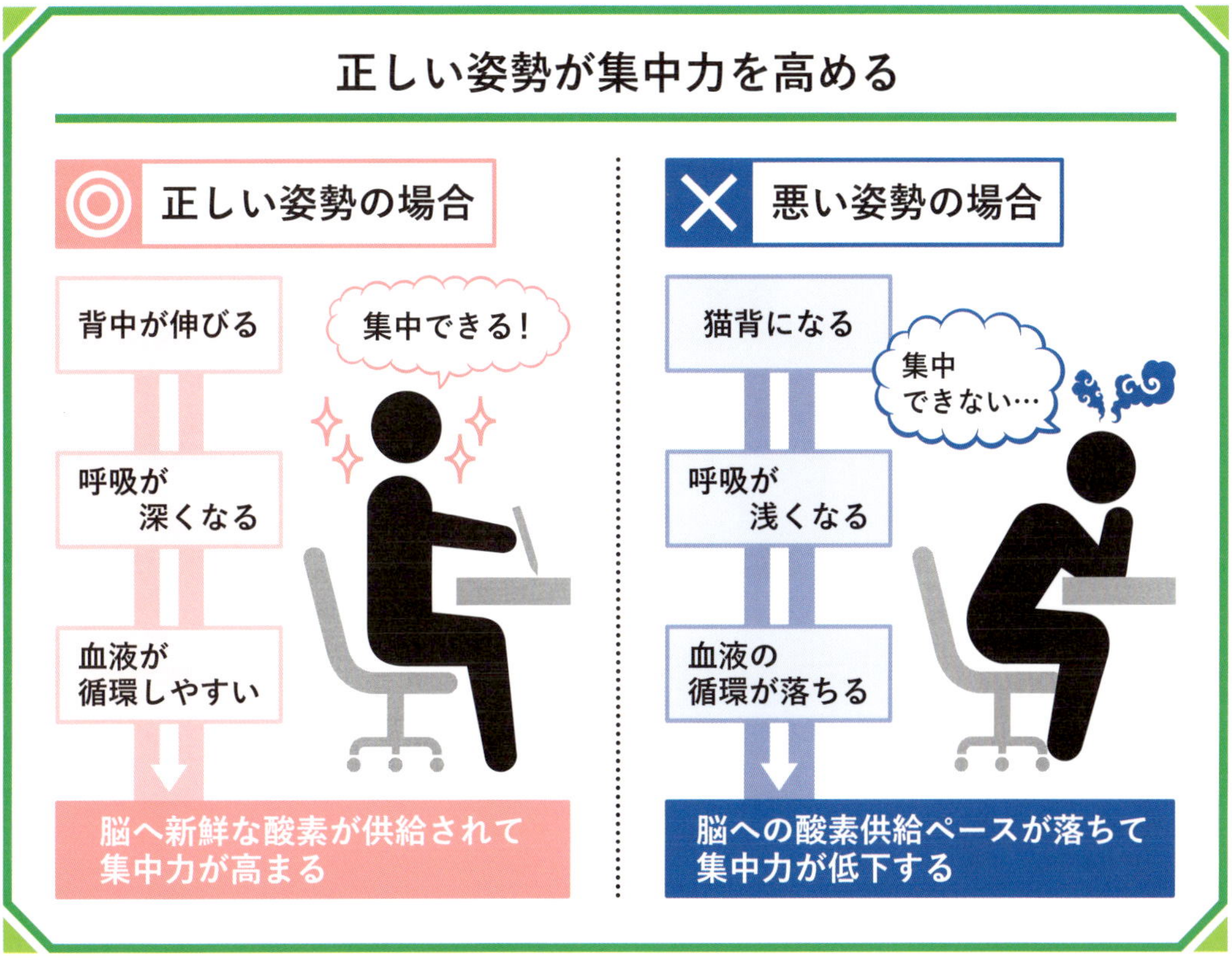
正しい姿勢が集中力を高める
正しい姿勢の場合
背中が伸びる
呼吸が深くなる
血液が循環しやすい
脳へ新鮮な酸素が供給されて集中力が高まる
集中できる！
悪い姿勢の場合
猫背になる
呼吸が浅くなる
血液の循環が落ちる
脳への酸素供給ペースが落ちて集中力が低下する
集中できない…

「仕事や勉強は座ってやるもの」という固定観念は捨ててしまおう。

しかし、この座り方を意識し続けることは大変です。姿勢に注意して、作業の能率が落ちるのも本末転倒。そこで、1日に何回か、正しい座り姿勢を思い出し、座り直す習慣をつくりましょう。

一見、疲れそうな座り方ですが、**最も合理的に全身に力が分散され、血流が阻害されず、集中力が持続する理想的な姿勢**です。

15分に1回、立ち上がるだけで脳がクリアになる

座り姿勢と集中力の関係について紹介してきましたが、私は、**仕事も勉強も立ってやるのが一番いい**と思っています。

さまざまな研究から、人は15分以上座っていると、認知能力も集中力も低下し、作業効率が落ちることがわかっているからです。

その他、1日に6時間、イスに座る生活を続けていると、日常的に運動をしていたとしても、1日3時間しか座らない人に比べ、15年以内に死亡するリスクが40％増えるのだとか。

こういったリスクを回避するには、**イスに座る時間を減らす**ことです。

とはいえ、オフィスワーカーであれば、仕事中はデスクから離れられない人も多いでしょう。

そこでオススメしたいのが、15分に1回のペースで、いったんイスから立ち上がることです。イスから立ち上がることで、**脳に新しい刺激が伝わり、集中力を持続さ**

集中力が起動する「座り方」

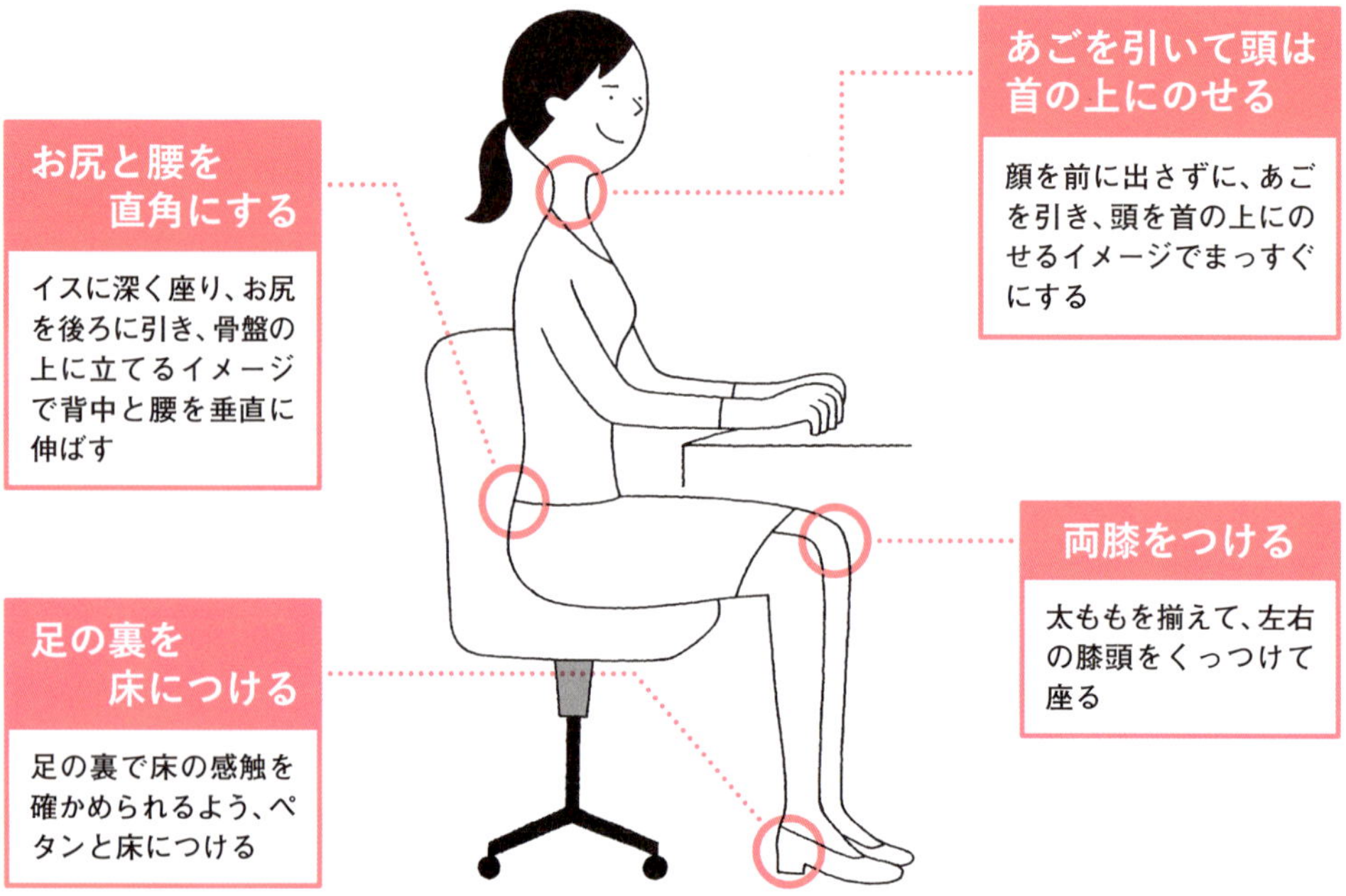

あごを引いて頭は首の上にのせる
顔を前に出さずに、あごを引き、頭を首の上にのせるイメージでまっすぐにする
お尻と腰を直角にする
イスに深く座り、お尻を後ろに引き、骨盤の上に立てるイメージで背中と腰を垂直に伸ばす
両膝をつける
太ももを揃えて、左右の膝頭をくっつけて座る
足の裏を床につける
足の裏で床の感触を確かめられるよう、ペタンと床につける

15分に1回は、イスから立ち上がる

15 min
15分
たったら…
カタ
カタ…
コーヒーを
入れる
手を洗う
資料を
取りに行く
ふぃ〜♪
15分×4回で
1時間だ！

脳に新しい刺激が加わり、集中力が持続する

せる効果が得られます。

コピー機まで歩く、資料や飲み物を取りにいく、手を洗いにいくなどをすれば、これは自然と取り入れることができるはずです。

15分に1回というのは早すぎると思うかもしれませんが、**15分をワンセットと考え、4回くり返せば、1時間。**脳が疲れや飽きを感じる前にイスから立つ。こんなわずかなことで集中が続くのならば、メリットは大きいはずです。

私は、立ちっぱなしでときどき座るくらいでいいのではないか？と考え、スタンディングデスクとスツールを試しています。

立っているときは、座っているときに比べて認知能力や集中力、判断力も大きく上昇することがわかっています。とくに素早い判断や思考が必要な場面では有効です。

実際、ある企業では、立ったままの会議を取り入れたところ、会議時間が短くなったそうです。

さらに、座っているよりも自然に姿勢も良くなり、また、**第2の心臓と呼ばれるふくらはぎがよく動くので、血流も改善**します。

DaiGoからのMessage

時間をかけずに、その場で集中できる方法が「姿勢」。まずは15分に1回、立ち上がることから始めよう。

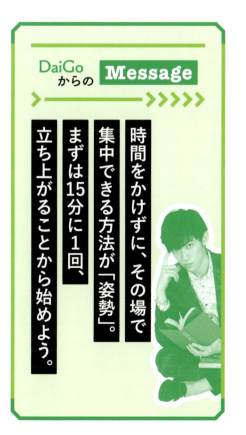

エンジン3

［食事］

キーワードは「低GI」。集中力は、口にするもので決まる！

脳はブドウ糖がないと働かない

食事の内容に気を配るだけで、集中力は劇的に変化していくことが、脳科学と栄養学の分野で証明されています。

脳のエネルギー源は6つありますが（35ページコラム参照）、集中力には、ブドウ糖が非常に重要です。というのも、**脳は、エネルギー源として、ブドウ糖しか活用することができない**からです。

脳はブドウ糖を備蓄できないので、足りなくなった分は、肝臓に蓄えられているグリコーゲンをブドウ糖に変えることで補います。

しかし、肝臓に備蓄できるグリコーゲンは限られているので、最長でも12時間しか脳にブドウ糖を供給することができません。**その間に食事をし、エネルギーを補給しなければ、脳が栄養不足になり、集中力はもちろん、思考力も行動力も途切れがちになります。**

「低GI食品」と「間食」が、集中力を持続させる

集中力を高める食事のキーワードは、「低GI食品」と「間食」です。

GIとは、Glycemic Index（グリセミック・インデックス）の略で、食後2時間に血糖値がどのように上昇していくかを示す指標のこと。急激に血糖値が上がる食べ物を「高GI食品」、じわりと上昇していく食べ物を「低GI食品」と呼びます。

低GI食品の特徴は、血糖値がおだやかに変化すること。実は、これが集中力の持続にとって非常に重要なポイントとなります。

ブドウ糖が補給されると、血糖値が上昇し、脳にもエネルギーが行き渡り、集中力も高まります。一方、血糖値の下降時には、集中力が途切れてしまいます。

急激に上昇した血糖値は、急激に下降する性質を持っています。

実はこの**血糖値の乱高下に、人間は強いストレスを感じるのです。**

たとえば、高GI食品中心の食事をした場合、食後は血糖値が上がり、ボーっとした状態からスッキリと物事が考えられる状態に変わっていきます。しかし、その集中状態が長続きせず、血糖値の下降とともに集中力は落ち、注意力も散漫になってしまいます。

そこで、血糖値がおだやかに変化する低GI食品の出番です。

玄米、キヌア、黒糖など自然界の状態に近い形で口に入る食品が低GIである傾向があります。

低GI食品を食事にうまく盛り込み、血糖値の変動をおだやかな状態に保ちつつ、ウィルパワーの燃料であるブドウ糖を脳へ送り届けること。これが集中力を高める食事の基本となります。

とくに脳がエネルギー切れとなっている朝の食事は大切です。低GI食品中心に、しっかり摂りましょう。全粒粉パンとリンゴ、ヨーグルトといった**低GI朝食ならば、食べてから2時間後に集中力のピークがやってきます。**

超集中力 Column

体を動かす司令塔である脳は、たくさんの栄養を必要としている

脳のエネルギー源となる栄養素は、ブドウ糖、脂肪酸、リン脂質、アミノ酸、ビタミン、ミネラルの6つです。

複雑な働きをする脳に、「これだけで大丈夫」という栄養素はなく、これらの栄養素が関係し合って、脳を動かしています。

“大食い”な脳は、体重に占める割合は2%にすぎないにもかかわらず、エネルギー消費量は18%。その消費量は、毎時5グラムにもなるのです。脳はエネルギーを食いやすい器官なのです。

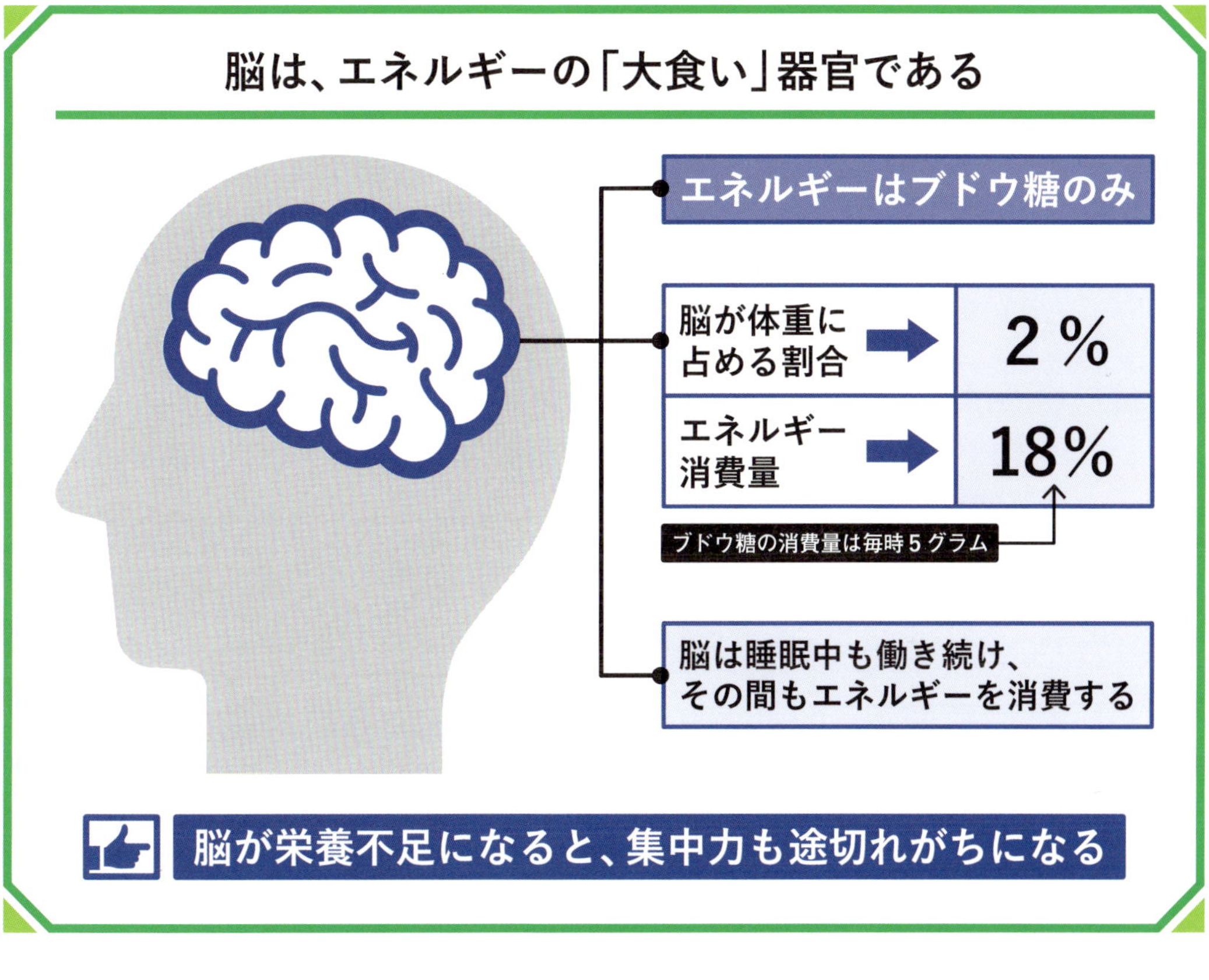
脳は、エネルギーの「大食い」器官である
エネルギーはブドウ糖のみ
脳が体重に占める割合
2%
エネルギー消費量
18%
ブドウ糖の消費量は毎時5グラム
脳は睡眠中も働き続け、その間もエネルギーを消費する
脳が栄養不足になると、集中力も途切れがちになる

低GI食品、ナッツ、カフェイン、そして水を上手に摂り、集中力を高める。

間食の時間は、血糖値のカーブに合わせる

食後3時間弱で血糖値は低下し始めます。そこで、使いたい切り札が**「間食」**です。

間食には、炭水化物量が少なく、たんぱく質を含む理想的な低GI食品である、ナッツ類がオススメです。

ナッツ類は、**集中力、思考力を高める成分を含み、とくにオメガ3脂肪酸、オメガ6脂肪酸は天然の抗うつ効果があるとされ、ポジティブな思考にもつながります。**

食事と食事の間、血糖値が下がる30分くらい前にナッツを摂ることで、脳にブドウ糖を補給し、集中力を回復することができます。

また、食物繊維が多いため、食後の血糖値の急な上昇を抑える効果も期待できます。

低GI食品を中心とした3食＋ナッツ類を中心としたおやつの補給は、集中力を深め、持続させるエンジンとなるのです。

コーヒーやエナジードリンクの正しい飲み方

コーヒーやエナジードリンクに含まれるカフェインには、認知能力の低下を防ぐ効果があります。

しかし、**カフェイン摂取が多すぎると、脳への刺激が過剰に**なってしまいます。集中力を保つための適量は、左ページの上図を参照してください。

集中力を持続させる「低GI食品」と「間食」

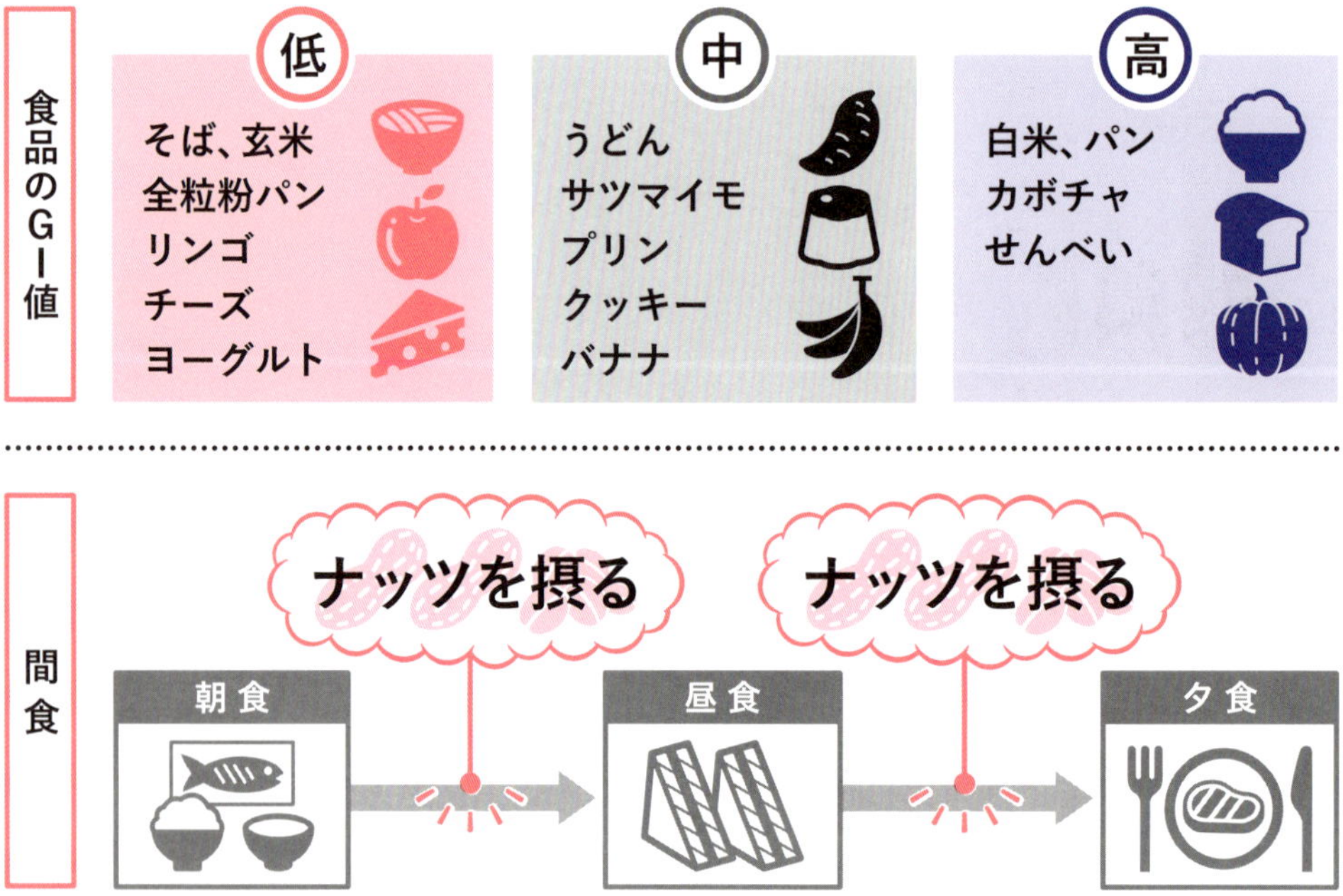

食品のGI値
低
そば、玄米
全粒粉パン
リンゴ
チーズ
ヨーグルト
中
うどん
サツマイモ
プリン
クッキー
バナナ
高
白米、パン
カボチャ
せんべい
間食
ナッツを摂る
ナッツを摂る
朝食
昼食
夕食

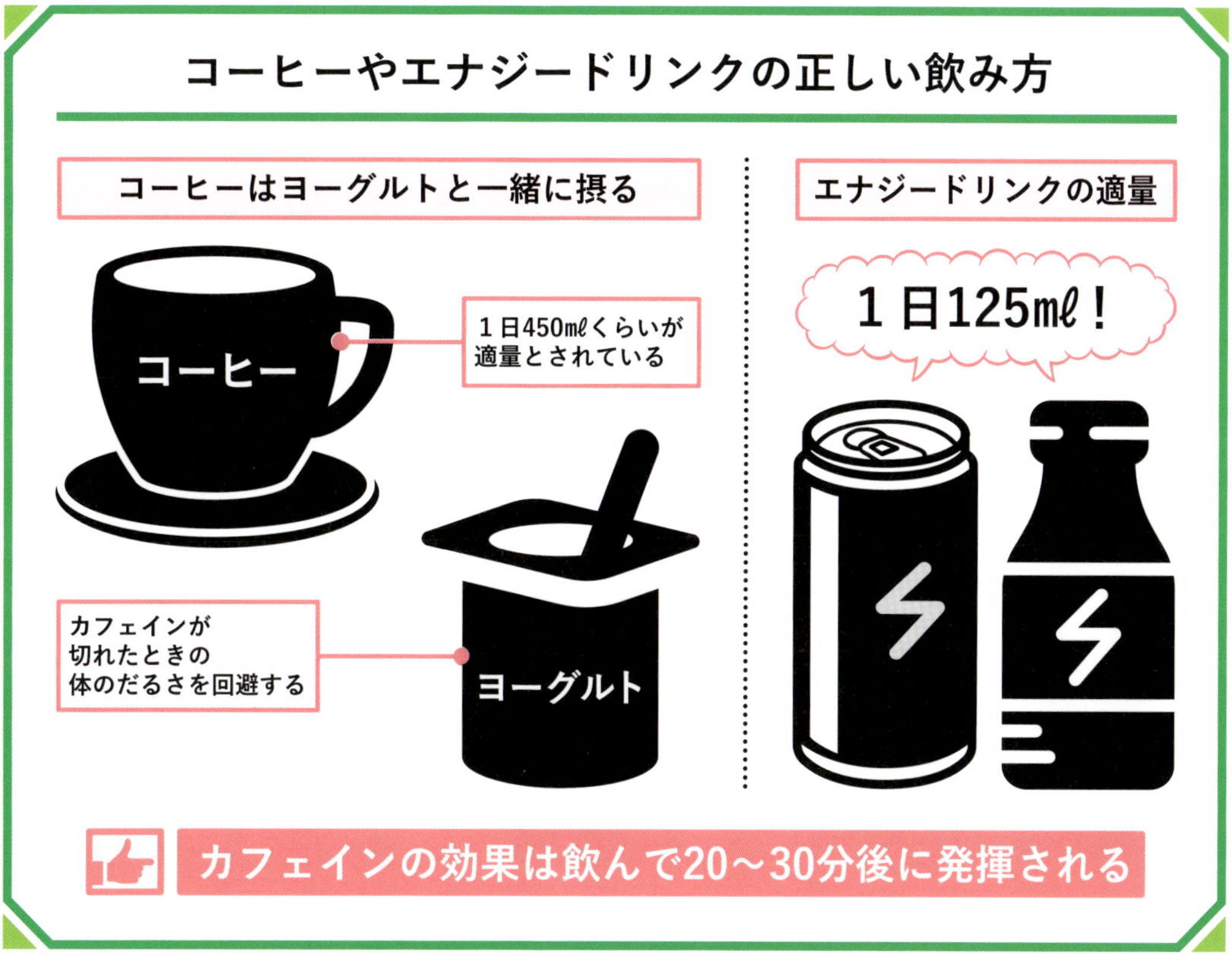
コーヒーやエナジードリンクの正しい飲み方
コーヒーはヨーグルトと一緒に摂る
コーヒー
1日450mℓくらいが適量とされている
カフェインが切れたときの体のだるさを回避する
ヨーグルト
エナジードリンクの適量
1日125mℓ！
カフェインの効果は飲んで20～30分後に発揮される

カフェインが効果を発揮し出すのは、飲んだ20～30分後なので、少し先回りして飲むのが効果的。

私は**午後の眠くなってくる時間の前にヨーグルトを食べ、コーヒーを飲み、10分ほどのパワーナップ（第3章参照）をし、再び仕事に戻るというサイクルを取り入れています。**

ちなみに、ヨーグルトなどの乳製品を一緒に摂ると、カフェインの効果が切れたときの体のだるさが和らぎます。

脳の80％は水でできているので、水分補給も重要です。

実際、**水を飲まないと集中力と記憶力が落ちるという研究報告はいくつもあります。**

具体的には、体から2％の水分が失われると、一気に集中力が低下してしまいます。とくに夏場の集中力の低下の原因は、暑さ以上に水分不足が影響しています。

こまめに水を飲むことは、脳の働きを助け、知的能力を向上させる効果があります。**1～2時間にコップ1杯ほどの水分補給を目安にしましょう。**

DaiGoからのMessage

ウィルパワーは、良質な糖分で増幅される。「低GI＋ナッツ」を食べて、持続する集中力を生み出そう。

エンジン4

［感情］

集中力の高い人は、ネガティブな感情も利用している。

「フロー体験」を呼び起こす4つの条件

あなたは「時間を忘れるほど集中していた」という経験がありませんか？

たとえば、小説やマンガを読み進めるうちに、真夜中になっていたとか、企画のプレゼン資料をまとめているうちに、フロアに誰もいなくなっていたとか。

これらは、**「フロー体験」**と呼ばれる状態です。

フロー体験とは、**自分自身の「心理的エネルギー」が、100％今取り組んでいる対象へと注がれている状態のこと。**「心理的エネルギー」を「ウィルパワー」または、「集中力」と置き換えても問題ありません。

つまり、ものすごく集中している状態が、フロー体験です。

フロー体験をするための条件のうち、私が強調したい4つをご紹介しましょう。

①ちょうどいい難易度

取り組んでいる内容の難易度が高すぎず、なおかつ簡単にできるものではなく、**能力のすべてを出し切らなければ達成できないレベルであること。**

②取り組んでいる対象へのコントロール感覚がある

自分のリズムで本を読み進める。アイデアレベルだったものを目に見える形に落とし込む。**取り組んでいるものを、自分が自在に操っているという感覚を持つこと。**

③直接的なフィードバックがある

取り組んでいることから、即座に何らかのフィードバックがあること。読書ならば「おもしろい」、企画書づくりなら「言葉選び」「図案作成」などの刺激、スポーツならば「うまくいった」「失敗した」といった身体的な感覚です。**こうした反応が自分の内面に響き、喜びや悔しさなどの感情を呼び起こす状態であること。**

④集中を妨げる要素がシャットアウトされている

今、向き合っている対象のみに集中できる環境であること。たとえば、企画書作成中に上司から呼び出されたりするなど、**何らかの理由で行動が中断される恐れがないこと。**

この4つの条件が満たされると、人は体験したことのない高い集中力を発揮し、フロー体験と呼ばれる高揚感を覚えます。その間、私たちは喜びを感じ、再びフロー体験をしたいと欲することで、一回りも二回りも成長できるのです。

このように、喜びの感情が集中力を引き出すように、**集中力と感情は密接に結びついています。**

喜怒哀楽の感情をうまく組み合わせることによって、集中力をより高めることができます。

スキーのジャンプ競技のように、**喜びなら喜びの、怒りなら怒りの感情を、ジャンプ台として利用し、より速く、より遠くの目的地まで向かっていくようなイメージ**です。

超集中力 Column

感情と集中力の関係を理解すると集中力をコントロールする助けになる

フロー体験の場合は、「喜び」の感情がベースになっています。そこに下図の4つの条件が加わることで、集中力が劇的に高まっていき、めったに入ることのできないゾーンにまで到達するのです。

同じように、喜怒哀楽それぞれの感情をうまく使うことで、集中力を高めることができます。

残念ながらフロー体験ほどの強烈なパワーはありませんが、感情と集中の関係を知ることは、集中力を自在に発揮する助けになります。

「時間を忘れるほど集中する」ための4つの条件

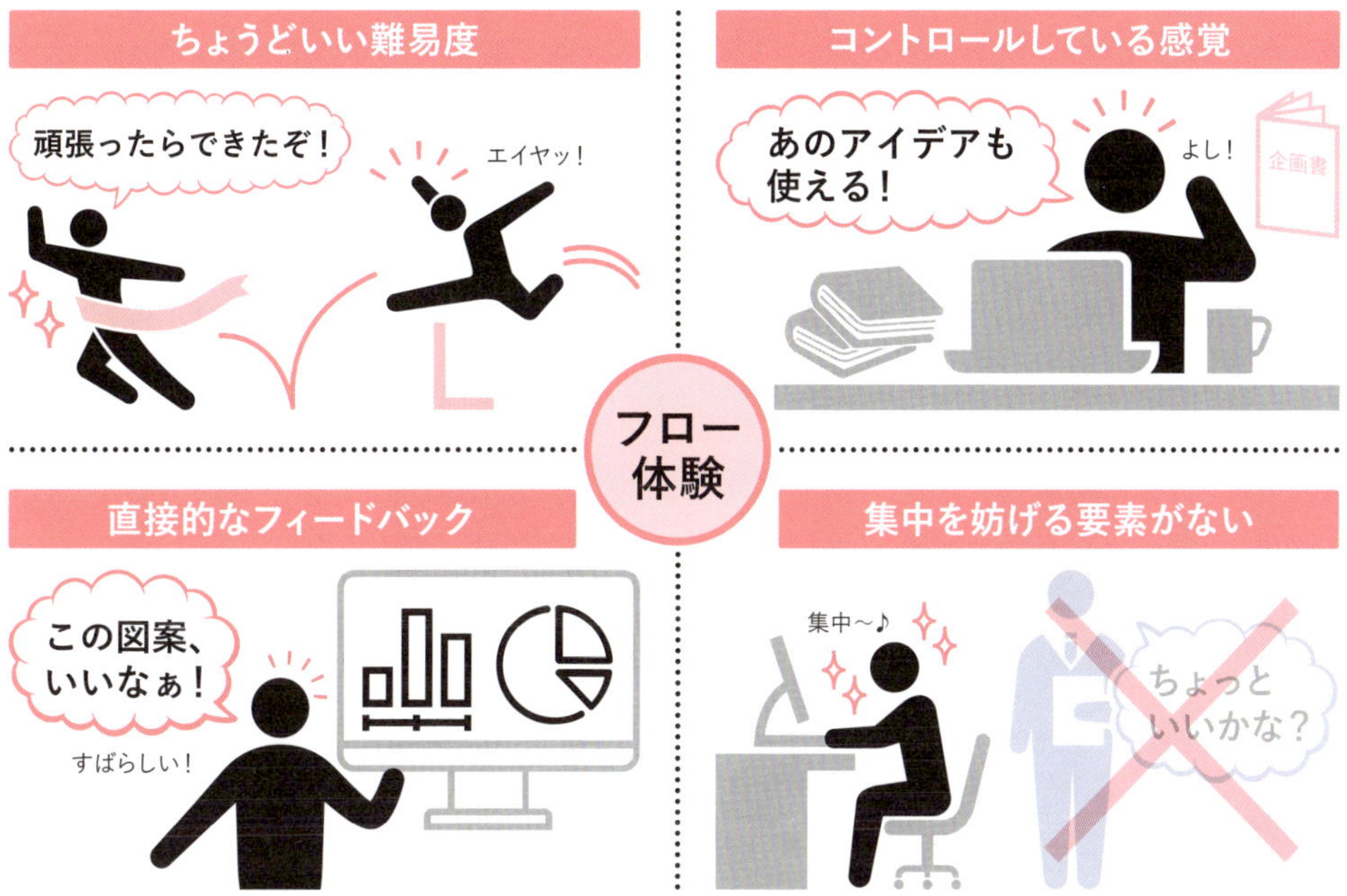

喜怒哀楽が、集中力をさらに高めるカギになる。

「怒り」は、行動力や問題解決力を高めてくれる

怒りの感情を抱えているときは、解決の糸口が見えなかった課題に向き合うと、集中して取り組むことができます。

怒りで我を失うなど、ネガティブなイメージもありますが、基本的に怒りは感情の伝達手段であり、防衛感情でもあります。

というのも、野生動物は敵に襲われたとき、生き延びるために、筋肉を緊張させ、戦うか逃げるかを体に選択させます。その指令を出すのが、怒りの感情。つまり、怒りは生存本能と最も密接に結びついた感情なのです。ですから怒りの感情には、人を突き動かす強い力があります。たとえば**怒りは、喜怒哀楽の中でも「目的指向行動」を強く促します。**

目標指向行動とは、ある目的や目標を持って行なう行動のこと。**人は目的や目標があり、それが具体的であればあるほど、行動が積極的になっていきます。**

この目標指向行動が、怒りの感情をうまく活用することにより、さらに促されます。

「悔しいからがんばる」といった怒りのエネルギーは、目標達成や問題解決の原動力になります。

それが集中力を高め、難しいと感じていた課題や高いハードルをクリアする助けとなるのです。

ただし、怒りの感情のピークは短いので、すぐに行動するのがベストです。

「怒り」を上手に使い、集中力を高める

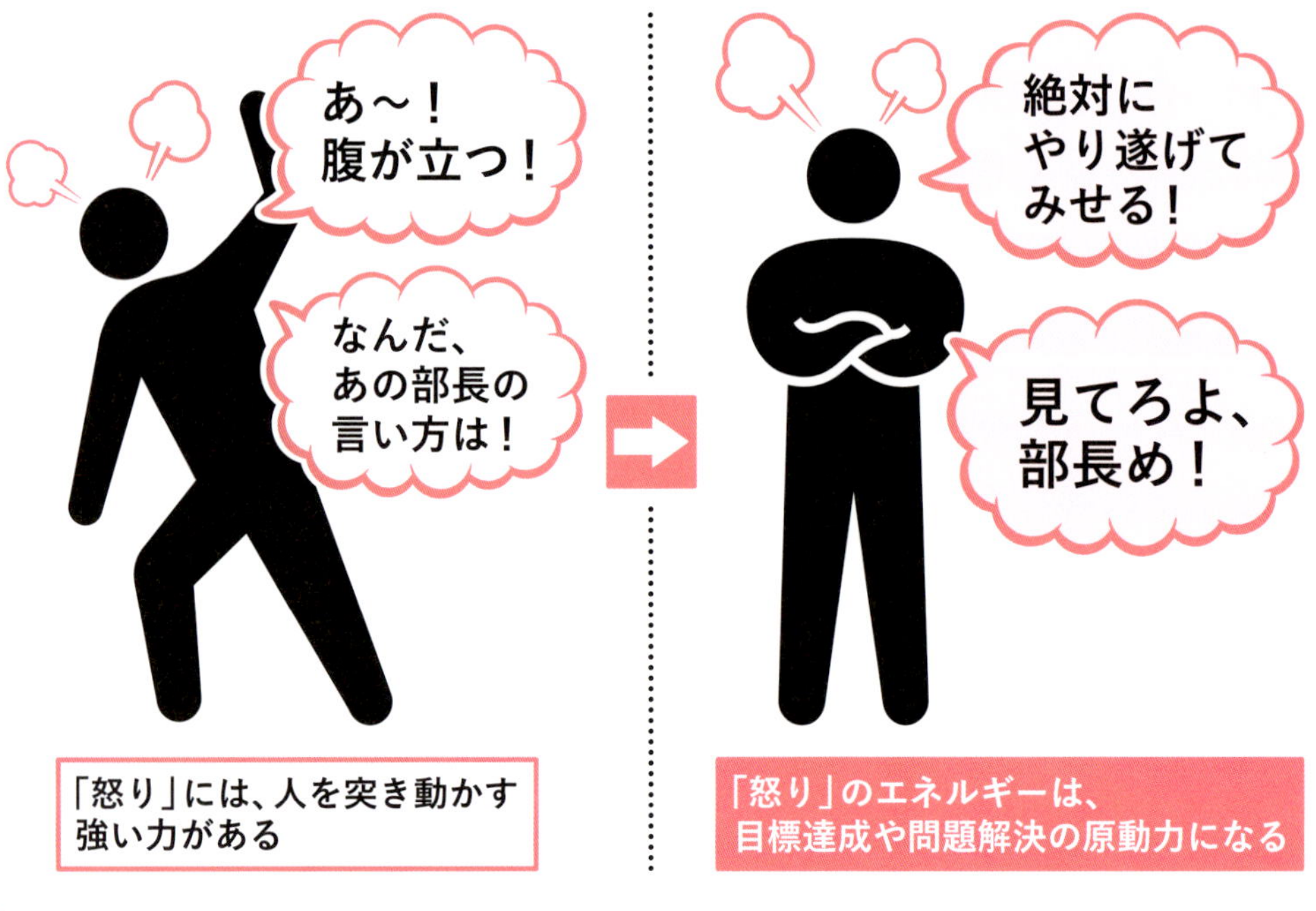

あ〜！腹が立つ！
なんだ、あの部長の言い方は！
「怒り」には、人を突き動かす強い力がある
絶対にやり遂げてみせる！
見てろよ、部長め！
「怒り」のエネルギーは、目標達成や問題解決の原動力になる

「哀しみ」は、冷静でフェアな意思決定を促す

哀しいと、何も手につかないというイメージがありますが、社会心理学の研究では、**哀しんでいるときほど、人は冷静な意思決定ができることがわかっています。**

社会心理学者ジョー・フォーガスは、**「哀しみが人を注意深くし、細部に関心を持たせ、焦点を合わせやすくする」と指摘**しています。

フォーガスらは、被験者に、憂《ゆう》鬱《うつ》な気分になる短編映画を見せてから、さまざまな意思決定をテストしました。

すると、噂話の正確さについての判断や過去の出来事を分析するような課題の成績が、短編映画を見ていないグループよりも高くなりました。さらに、思い込みで判断する傾向が大幅に低く、算数の問題でのミスも少なくなることがわかりました。

つまり、**冷静かつ公平な意思決定ができるというのが、哀しみの感情の効果**なのです。

集中力をグンと高める 3 Point

1. 「怒り」は、目的達成や問題解決の原動力になる
2. 「哀しみ」は、冷静かつ公平な意思決定を促す
3. 「喜び・楽しさ」は、創造的になり、意思決定を速くする

「喜び」「楽しさ」を上手に使い、集中力を高める

「感情」を利用することで、パフォーマンスが引き上がる。

とはいえ、哀しみの中にいると、行動力は落ちてしまいます。そこで、たとえば投資への判断など、自分の意思決定を見直す機会にしましょう。また、静かな環境でのデスクワークに時間を割くと、哀しみをベースに、深い集中を得られるはずです。

「喜び」「楽しさ」は創造力を高め、意思決定を速くする

喜びの感情は、**人をクリエイティブにし、目の前の出来事に対する意思決定を速くさせます。**

たとえば、「企画案が通った。やったー」といった感情が湧き起こったら、その勢いのまま、新たな企画を考えるなど、クリエイティブな活動をしましょう。

すると、**喜びの勢いのまま、フロー体験に近い、高い集中状態に入っていけます。**

頭の中にあるアイデアを次々と出していくと、普段は捨ててしまうようなヒントから、意外なプランを思いつくかもしれません。

逆に気分が乗っているときには、セールストークを聞いてはいけません。

活発になっている創造力が刺激され、素早い意思決定を下してしまう……つまり、調子良くYESと言ってしまうからです。

喜びを感じているときは、気持ちが前へ前へと進んでしまいがち。これは、何かがうまくいっているときは、「全部うまくいく」と感じてしまうからです。

いいことばかりが起こりそうな気分のときほど、冷静な判断がしにくいことを覚えておきましょう。

感情の変化を予測してスケジュールを立てよう

感情の変化と集中力をうまく連動させるには、「喜怒哀楽」が生まれるイベントを予定に組み込む下図のような「エモーショナル・プランニング」が有効です。**イベントごとに変化する感情を先取りして、1日の予定を作成**します。

たとえば、仲の良い友だちと遊んだ後に仕事を入れると、楽しくリラックスした後なので、そのプラスの感情が影響して、仕事の効率が上がります。

あるいは、通勤電車で感じた苛立ちをぶつけると、難題を解決する糸口が見えてくるかもしれません。

このように自分の感情の変化を先読みして、スケジュールを組むことで、いつもより集中して物事に対応できるでしょう。

DaiGoからの **Message**

感情の特性を知って、喜怒哀楽すべての感情を集中力に変換しよう。

やってみよう 感情を先読みして、集中しやすい予定を立てる

エモーショナル・プランニングの例

- 8：00 電車でラッシュ時の通勤
- 9：00 チーム成績の改善案をつくる
- 12：00 話題の店で友人とランチ
- 13：00 企画書のアイデア出し
- 15：00 休憩（近所を散歩）
- 15：30 事務仕事
- 19：00 帰宅
- 19：30 泣ける映画を観る
- 21：00 1日の振り返りと反省
- 22：00 就寝

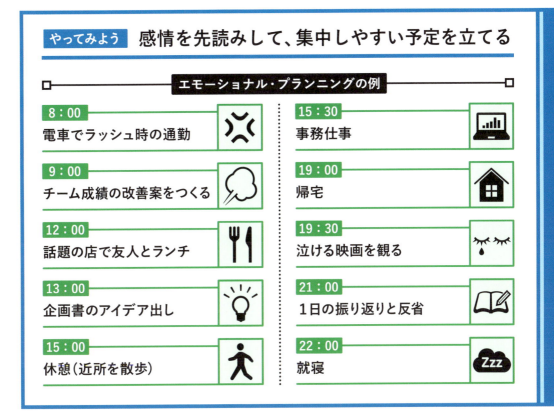

エンジン5

［習慣］

集中を妨げるのは迷い。ウィルパワーを仕組みで節約しよう。

「習慣化」で、ウィルパワーを節約する

ウィルパワーを節約するには、「習慣化」が一番です。

「習慣」を身につけるコツは、判断や決断を減らすこと。つまり、ウィルパワーをなるべく使わずに、判断や決断ができる「仕組み」をつくるのです。

この習慣化の仕組みをうまく取り入れているのが、トップアスリートたち。彼らは幼い頃からの練習によって、高度なプレーの動作を習慣化しているのです。

トップアスリートの脳を調べてみると、プレー中に主に働いているのは小脳で、体は反射的に動かしているだけ。前頭葉はあまり活動していません。脳は習慣化によって、その習慣に沿った形に変化していくのです。

高い集中力を発揮しなければできなかった作業も、習慣化することで、集中せずに処理できるようになります。

つまり、習慣化によって、ウィルパワーを節約できる。この仕組みがあるからこそ、アスリートたちは、プレー中ずっと、高い集中力を発揮し続けることができるのです。

これはスポーツに限らず、仕事のプロフェッショナルにも共通しています。

彼らは、スキルを身につけるまでは前頭葉を使いながら学んでいきますが、習慣化した後は、ウィルパワーを使わず行動に移します。だから、長時間にわたり、いくつものタスクを片づけることができるのです。

彼らは、習慣化によってウィルパワーを温存しつつ、**そのウィルパワーを、新しい習慣やスキルを身につけるために使っています。**

一方で、集中力をコントロールできない人は、一度に複数のことに手を出し、その結果、集中力が分散してしまい、どれも物にできずに終わってしまっています。

7本のハンガーが、集中力をつくり出す

物事を選択するときに使うエネルギーと、集中するときに使うエネルギーは、同じウィルパワーです。ですから、選択が多いほどウィルパワーは消耗します。つまり、**選ぶ場面が少なければ少ないほど、集中力は上がります。**

生活をシンプルにし、**持ち物と選択する機会を減らせば、集中力は自動的に上がる**のです。

たとえば、スティーブ・ジョブズは公の場に出るときは、いつもISSEY MIYAKEの黒のタートルネックに、リーバイスの501、足元はニューバランスのグレーのスニーカーと決めていました。

ウィルパワーを効率的に使うために、ムダな選択の機会を減らす。「毎日の服を選ぶ」という面倒な選択（行動）を、「仕組み」で排除していたのです。

ジョブズのこの習慣は、すぐに真似ることができます。

超集中力 Column

「いつか使えるかも……」がウィルパワーを消費させてしまう

最悪なのは、「まだ使える」と何かとモノを捨てずに取っておく習慣です。

なぜ最悪かと言うと、選択肢が増えることで「あれがあったな」「今なら使えるかも」と行動するまでに迷いが生じ、ウィルパワーが消費されてしまうからです。

こうした浪費を避けるには、目的と関係のないモノは、なるべく所有しないこと。身の回りを整えれば、何もないのがスイッチとなり、部屋に入った途端、目的に向けて集中するようになります。

「習慣化」でウィルパワーを節約する

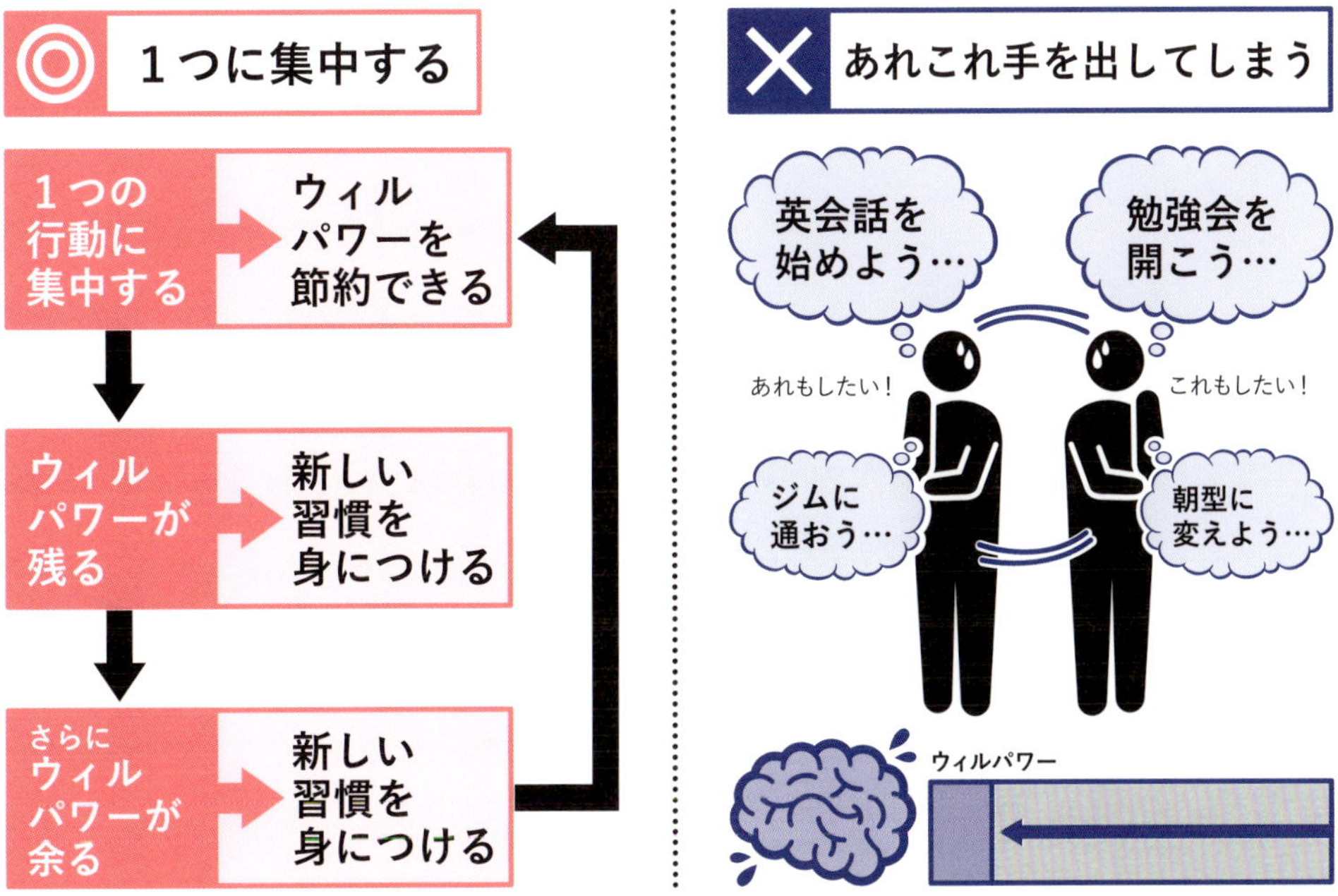
1つに集中する
1つの行動に集中する
ウィルパワーを節約できる
ウィルパワーが残る
新しい習慣を身につける
さらにウィルパワーが余る
新しい習慣を身につける
あれこれ手を出してしまう
英会話を始めよう…
勉強会を開こう…
あれもしたい！
これもしたい！
ジムに通おう…
朝型に変えよう…
ウィルパワー

「迷い」や「判断」を減らすほど、ウィルパワーの浪費は防げる。

下の図のように、7本のハンガーを用意し、1週間分の洋服を用意します。**どの組み合わせでも合う「色味」でアイテムを絞り込めば、迷わずに、ジョブズのようなシンプルで個性的なワードローブをつくることができます。**

目的に向けて集中できる人は、この「仕組み化」に力を入れ、ウィルパワーを節約し、人生で大切なことに集中しているのです。

仕組み化とは、意思決定するべき課題を即座に処理してしまうことです。

片づける習慣で、集中力が持続する部屋になる

試験の勉強をしなければいけないのに、つい部屋の掃除をしてしまう……。

こうした日常に潜むトラップを回避するには、事前にその芽を摘《つ》んでおくことがポイントです。

つまり、部屋から不要なモノを減らし、やるべきことに必要な道具を常に用意しておくこと。**「片づけをしたい」という誘惑が起きるのを、未然に防いでおく**ことが基本になります。

簡単にその環境がつくれる方法としては、**「とりあえずボックス」**がオススメです。

大きめの箱を用意し、やるべきことと関係のないモノを放り込んでいくのです。この行動が、「これからやるぞ！」という集中力のスイッチとなってくれます。

できれば、この箱を棚に入れる

選択が少ないほど、集中力は上がる

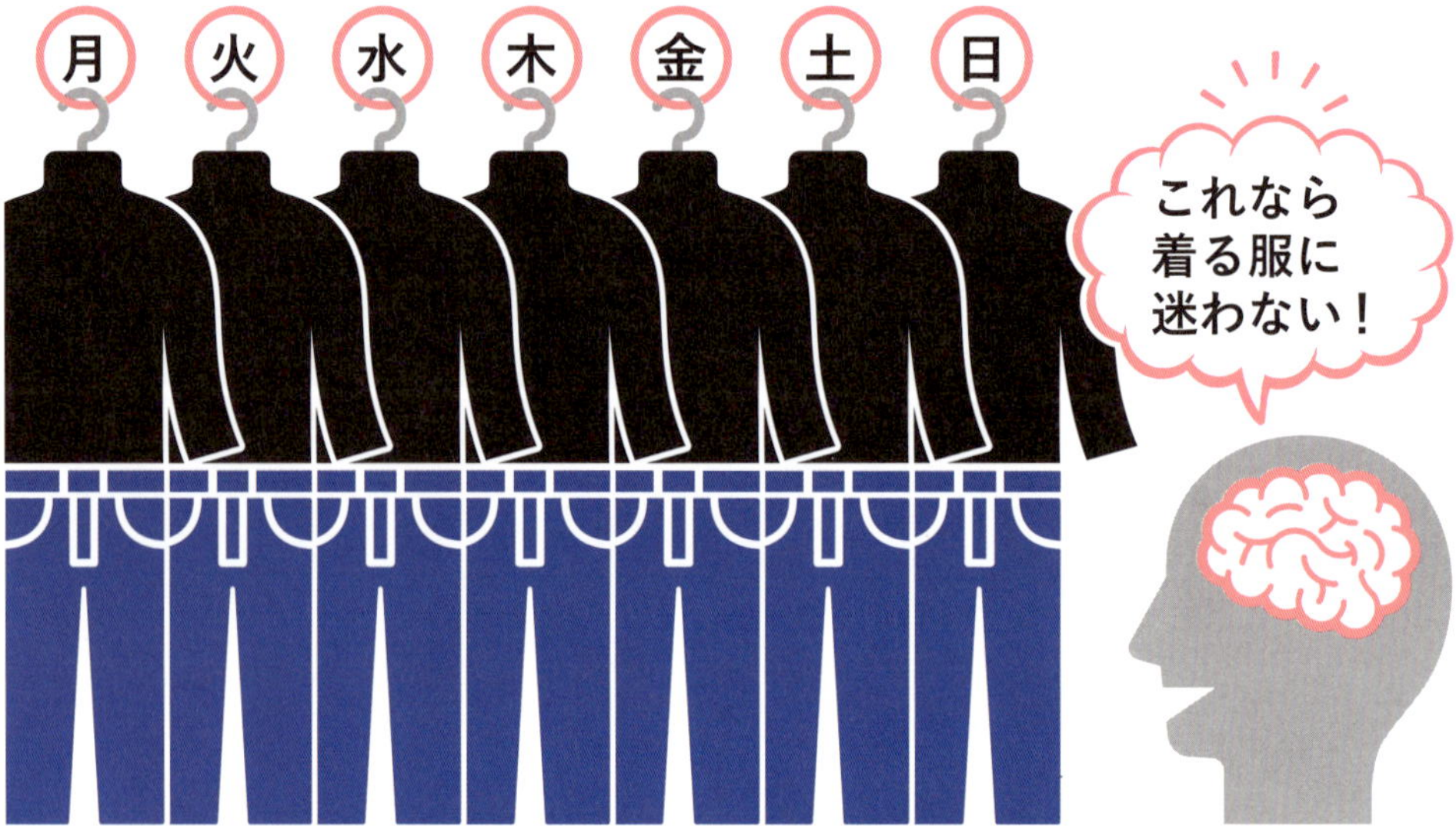
月
火
水
木
金
土
日
これなら着る服に迷わない！

「仕組み化」で、ウィルパワーを節約できる

「とりあえずボックス」で集中できる環境をつくる

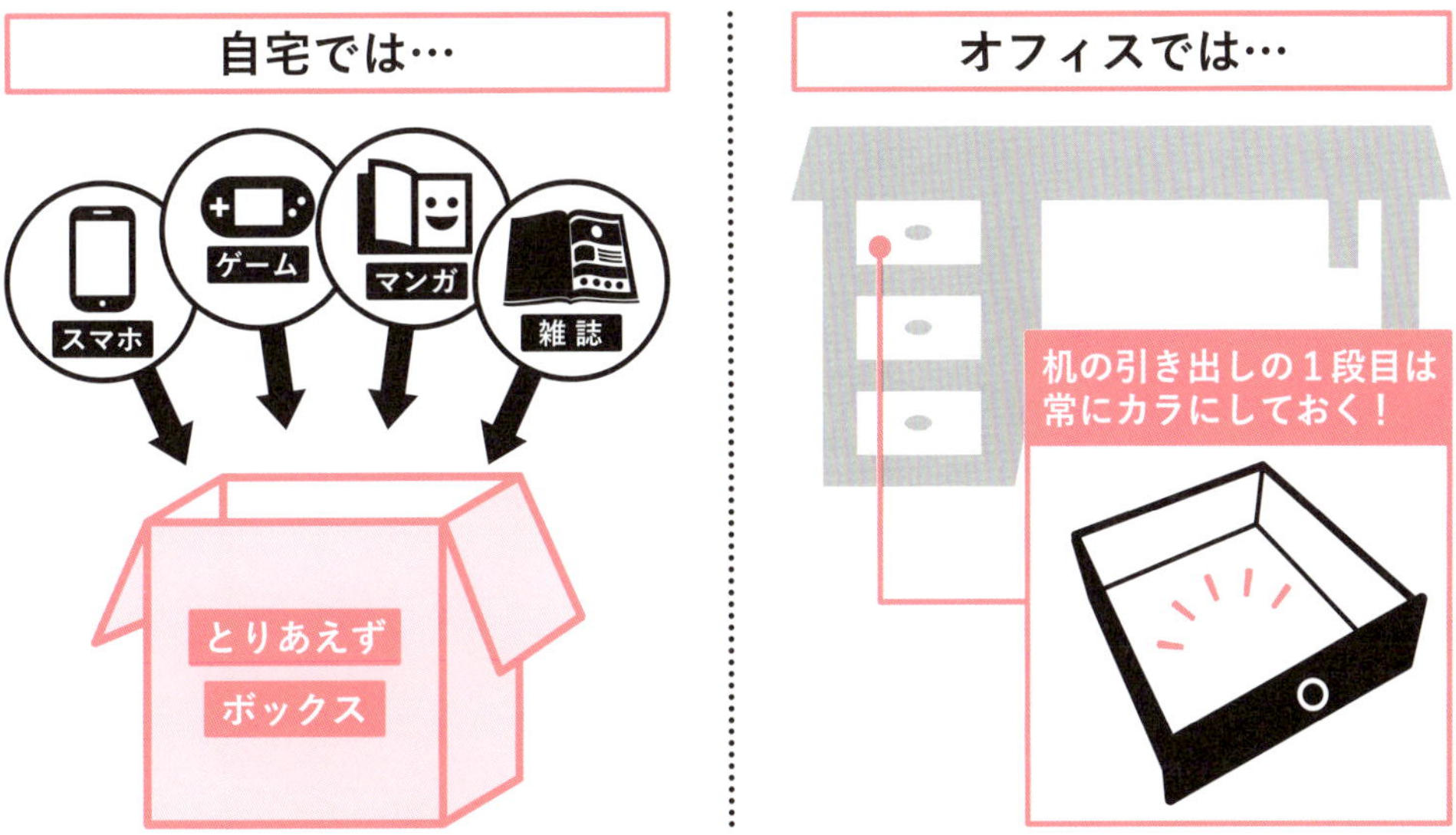
自宅では…
スマホ
ゲーム
マンガ
雑誌
とりあえず
ボックス
オフィスでは…
机の引き出しの1段目は
常にカラにしておく！

気を散らすモノを視界から消そう

か、フタをして中身が目に入らないようにすると、より効果的です。

人は視界に入るものに誘惑されやすいので、**気を散らすモノを視界から離れた場所に置くことで、意識の外に追い出せる**のです。

同じことをオフィスでも行なうために、**デスクの引き出しの1段目は、常にカラにしておきましょう。**

ちなみに、私は徹底してモノを所有しないようにしています。パソコンもスマホもレンタルしています。これによって新型製品を購入する際の比較検討など、モノ選びにかかる時間を減らすことができます。

また、**本以外の書類や資料はスキャンして捨てています。**データ化すると検索機能があるので、むしろ紙でないほうが便利ですし、片づけも不要になるので、集中するにはとてもいい方法です。

「集中する」とは、何か1つにフォーカスすること。集中しようと思うよりも、「他のことをしない」。これが集中力を上げる一番の方法です。

DaiGoからのMessage

面倒なことで悩まないために、仕組みに働いてもらおう。即時判断の習慣が、ウィルパワーを溜めてくれる。

第2章　高い集中力を生み出す7つのエンジン

エンジン6

[運動]

たった5分で疲れ知らずの身体になり、ストレスにも強くなる。

運動習慣が、脳を強化し、集中力を高めてくれる

ジョージア大学の研究によると、**20分の軽い運動をした後の3～4時間は、認知能力や集中力、考察力が高まることがわかっています。**

運動によって脳の血流が改善され、意欲や学習などに関わるドーパミンが放出されます。集中力を持続させるだけでなく、ウィルパワーの回復にも役立つのです。

ストレッチなどの軽い運動、歩きながらや立ちながらの作業によっても、集中力は高まります。

加えて、運動する習慣には脳そのものを強化し、疲れにくくする働きもあるのです。

UCLAの研究チームは、「運動習慣が脳の成長因子を増やし、加齢とともに減少するニューロンの増加をもたらし、脳の働きそのものや脳容積を維持・改善する効果がある」と発表しています。

また、**運動には人の感情をポジティブにする働きもあります。**つまり「ひと汗かいて気持ちがいい」というのは気のせいではありません。

軽い運動は、問題を解決に導く「エンジン」にもなります。**勉強、軽い運動、勉強というリズムをつくることで、途切れてしまった集中力を再起動することもできます。**

こうした運動の働きは、エグゼクティブ・ファンクション（脳の実行機能）と呼ばれ、ウィルパワーの源である前頭葉を活性化させます。

眠れる野性を運動で取り戻せ

古来より、人間は運動しているときこそ頭を働かせてきました。

狩猟採集時代は、狩りをするために、生き残るために頭を働かせていたのです。この本能をまったく使わないでいることは、脳と体のバランスを崩す原因となります。

この現代で、狩猟の代わりとなるのが、**運動で体を動かすこと。**運動が脳の働きを促し、集中力の持続を助けてくれるのです。

また、勉強や仕事をしながら同時に体を動かすことも、集中を高める意味で効果的です。

狩猟採集時代の人間にとって、同じ位置にとどまっているのは「休息」ですから、動かずに机に張り付いていれば、眠くなるのも当然です。

つまり、集中力を高め、持続させたいのなら、適度な運動を習慣化させること。私は、**疲れる仕事があるときほど、朝ジムに行きます。**仕事が早く終わりますし、頭も心もすっきりした気持ちになります。

たった5分で集中力も健康も手に入るエクササイズ

緑の中を散歩する軽い森林浴**「グリーンエクササイズ」**は、たった5分ほどで、20分の運動と同等の効果が期待できます。

集中力をグンと高める 3 Point

1. 20分の軽い運動は、認知能力や集中力、考察力を高める
2. 運動習慣は、脳を強化し、疲れにくくする
3. 運動には、人の感情をポジティブにする働きがある

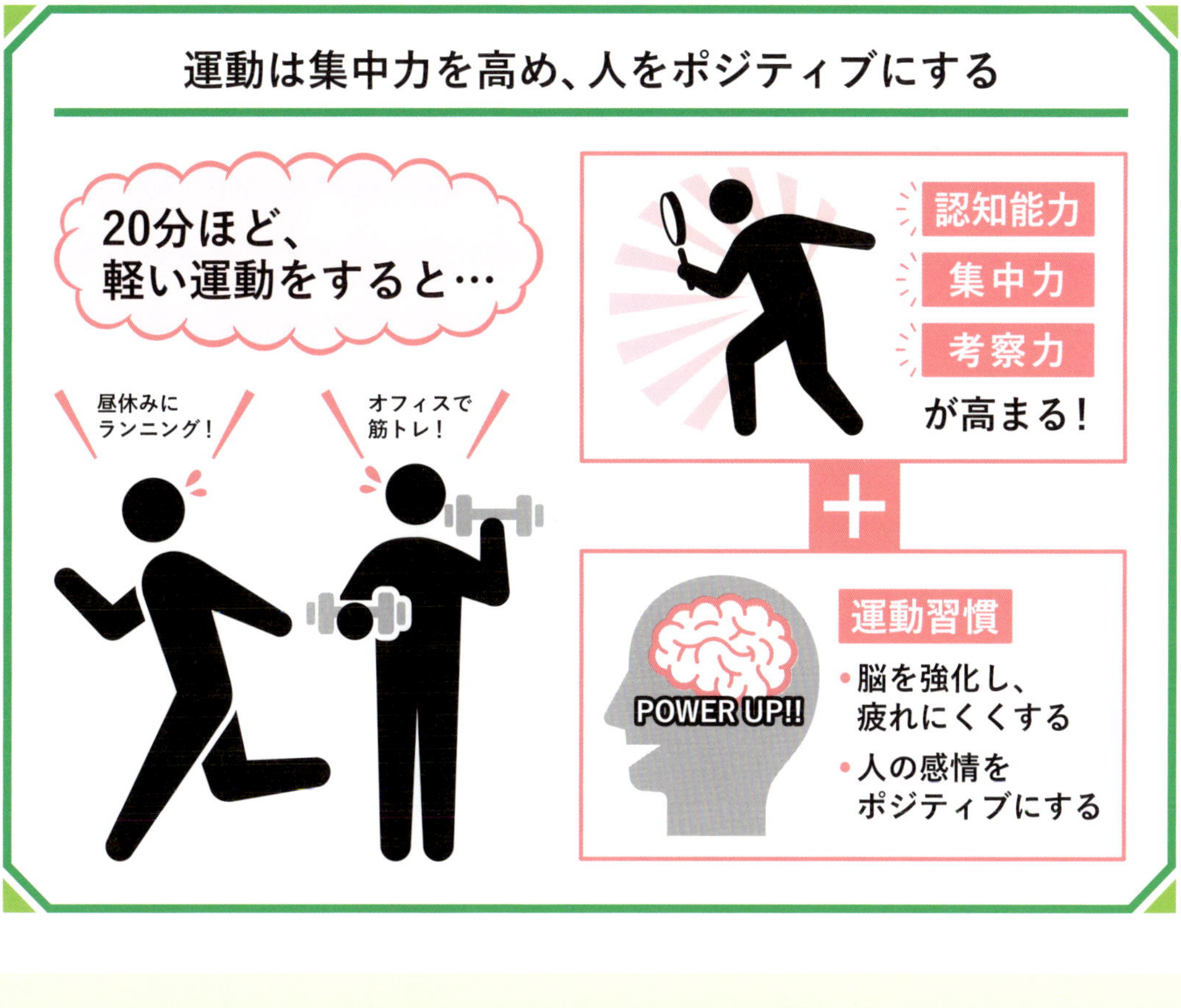
運動は集中力を高め、人をポジティブにする
20分ほど、軽い運動をすると…
昼休みにランニング！
オフィスで筋トレ！
認知能力
集中力
考察力
が高まる！
運動習慣
・脳を強化し、疲れにくくする
・人の感情をポジティブにする
POWER UP!!

たった数分の簡単な運動習慣で、体も脳もリフレッシュすることができる。

イギリスのエセックス大学の調査では、公園など戸外の緑の中で5分間、体を動かすだけで、心身ともに大きなリフレッシュ効果を得られることがわかっています。

グリーンエクササイズは、公園や街路樹のある歩道など、小さな自然の側を散歩するだけ。加えて、「水」の側ならばさらに効果が高まるので、近くに噴水などがあればルートに盛り込みましょう。

さらに、陽の光を午前中に浴びることで、セロトニンの分泌を活性化できます。

セロトニンは「幸せホルモン」とも呼ばれ、集中力を深めてくれるだけでなく、思考を前向きにし、ストレスを軽減してくれます。

朝食にバナナや卵、鶏肉やひじきなど、セロトニンを生成する食材を摂っておくとより効果的です。

手軽に始められる3つのエクササイズ

まとめに、短時間で効果が得られるエクササイズを紹介します。

●7分コース：高強度インターバルトレーニング（HIIT）

HIIT（High-Intensity Interval Training）は、強度の高い運動と少しの休憩をくり返していく手法です。**たった7分間で、1時間ほどの運動と同じ効果が得られると考えられています。**

HIITのメニューを紹介するアプリもあります。ちなみに、「パレオな男」というブログで、とて

たった5分でOK！「グリーンエクササイズ」

緑（自然）のあるところを
5分間散歩する
「水」の側なら、
さらに効果がアップする
さらに…
・午前中に行うと、セロトニン（幸せホルモン）の分泌を活性化できる
・朝食に、バナナ、卵、鶏肉、ひじきなどを摂ると効果的

最初の5分の刺激で、脳が感じていた疲れが取れる

やってみよう　短時間で効果が得られるエクササイズ

7分コース　高強度インターバルトレーニング（HIIT）

強度の高い運動
➡少しの休憩をくり返す

7分間で、約1時間の運動効果を得られる

10分コース　階段昇降

階段を10～20分、
昇り降りする

体の疲れが気にならずスムーズに集中できる

30分コース　1駅分の早足ウォーキング

1～2駅分を早歩きする

朝：セロトニンが分泌
夜：脳がリフレッシュ

もわかりやすく紹介されています。

●10分コース：階段昇降

階段を10分から20分、昇り降りするのもオススメです。1階分を上がるのに20秒として、15階分の昇降です。

体の疲れが気にならず、スムーズに集中することができます。

●30分コース：1駅分の早足ウォーキング

1～2駅分を早歩きすることで集中力のスイッチが入ります。

朝、仕事の前に1つ手前の駅で降りて会社まで歩く。陽の光を浴びながら行なうことで、**セロトニンが脳内で分泌されます。**

逆に夜、自宅の1つ手前の駅から歩くのも、脳のリフレッシュになります。事前に体を動かすことが気持ちを切り替える「スイッチ」になり、再度、集中できる状態をつくってくれます。

たった数分の軽い運動が、**消費したウィルパワーを回復させ、集中力の持続を助けてくれる**のです。

DaiGoからのMessage

運動は、脳のリセットボタン。
脳が鍛えられ、おまけに
疲れにくい体質に変わる。

エンジン7

［瞑想］

脳機能が拡大！　眠りも深くなり、勝手に集中力が身につく。

瞑想で集中力、注意力が向上する

少し専門的な話になりますが、ウィルパワーの源である脳の前頭葉前皮質を形成しているのは、灰《かい》白質《はくしつ》と呼ばれる領域です。

この灰白質を活性化させる方法として、近年注目されているのが、瞑想です。

瞑想と聞くと、精神修養やスピリチュアル的なイメージがあるかもしれませんが、その効能は脳科学の分野でしっかりと認められ、**脳が瞑想に慣れてくると集中力、注意力が向上する**ことがわかっています。

また、心理学の分野でも、ストレスの管理、衝動の抑制、自己認識力に好影響を及ぼすことが確認されています。

しかも、1日たった3分ほどの瞑想でウィルパワーを鍛えることができるという「いいことずくめ」です。

初めのうちは「1回3分」から慣らしていき、5分、10分、15分と少しずつ延ばしていくといいでしょう。もちろん、1日何回やっても構いません。

1日30分が理想ですが、集中力の向上だけを狙うなら、20分の瞑想を週4回行なうだけで、効果があるとされています。

そして、**瞑想を習慣化させることによって、より大きな成果が手に入ります。**

ある研究では、瞑想の練習が累計3時間に達すると、注意力と自制心が向上するという結果が出ました。

さらに、累計11時間行なった後には、集中力をつくっている神経ネットワークの連絡が増加。

1週間で累計3時間ペースを2カ月以上持続させると、ウィルパワーの源である、前頭葉前皮質を形成している灰白質の質が向上したという報告もあります。

それにより自己認識力が養われます。

これは、**筋肉と同じように、集中力がトレーニングによって鍛えられる証拠だと言えるでしょう。**

実際、私も瞑想を取り入れ、集中力の修練、ストレスのコントロールに活かしています。朝、夜5分ずつを3週間ほど続けていくうち、自分が変わっていく感覚を味わいました。**あちこちに散らばってしまいがちな気持ちを抑え、落ち着きを与えてくれた**のです。

瞑想は続けることが肝心ですから、無理のない範囲で生活の中に取り入れてみてください。

やり方はシンプル。呼吸に注目するだけ

私が行なっている瞑想は、とてもシンプルで、たった2つのステップで成り立っています。

①体を動かさず、じっと座る

まずは、集中力をつくるエンジン2で紹介した姿勢を思い出してください。背筋を伸ばした状態で、イスないし、床に座ります。静かに目を閉じ、両手は膝の上に。

集中力をグンと高める 3 Point

1. 瞑想をすることで、集中力、注意力、自制心がアップする
2. 瞑想は1日3分からはじめられる
3. 「鼻呼吸」のほうが集中力をより高められる

瞑想の習慣化で、大きな成果を手に入れる

瞑想で得られるもの

1. リラクゼーション効果
2. 集中力アップ
3. 緊張や不安に強くなる（ワーキングメモリーが鍛えられる）
4. 感情のコントロールが強くなる（扁桃体が変化する）
5. 体脂肪が落ちる
6. 睡眠の質が向上する

「1回3分」から慣らしていき、「1日30分」が理想

集中力の向上を狙うなら、「20分×週4回」でもOK

1日たった3分。瞑想を習慣化して、集中力やストレスをコントロールする。

②ゆっくりと呼吸する

鼻からゆっくりと息を吸い込み、口からゆっくり吐き出します。

7秒かけて吸い、7秒かけて吐くというペースが1つの目安です。辛い場合は、秒数を減らしても構いません。

背筋を伸ばした状態で座り、ゆっくりと呼吸します。あとはこの状態を、3分から5分続けるだけです。

とはいえ、そう簡単には「瞑想で無になる」と言われる境地にはたどり着けません。

最初のうちは、ただただ呼吸に意識を集中させましょう。慣れないうちは、「吸って、吐いて」と心の中でつぶやきながらでもいいでしょう。

息を吸い込んだときに膨らむお腹、吐き出したときに唇に感じる呼気の流れなどに意識を向けるうち、徐々に何も考えない、**ぼんやりとした集中状態がやってくるはずです。**

もし、途中で何か別のことを考え始めてしまったら、再び「吸って、吐いて」とつぶやき、呼吸に意識を戻しましょう。

寝てしまいそうな人は、目を開けたまま、どこか1点に集中してください。ペン先でも構いません。

集中力を高めるのは「鼻呼吸」

ちなみに、集中力を高めるのなら、口呼吸よりも「鼻呼吸」です。

瞑想のやり方は、とてもシンプル

1 体を動かさず、じっと座る

2 ゆっくりと呼吸する

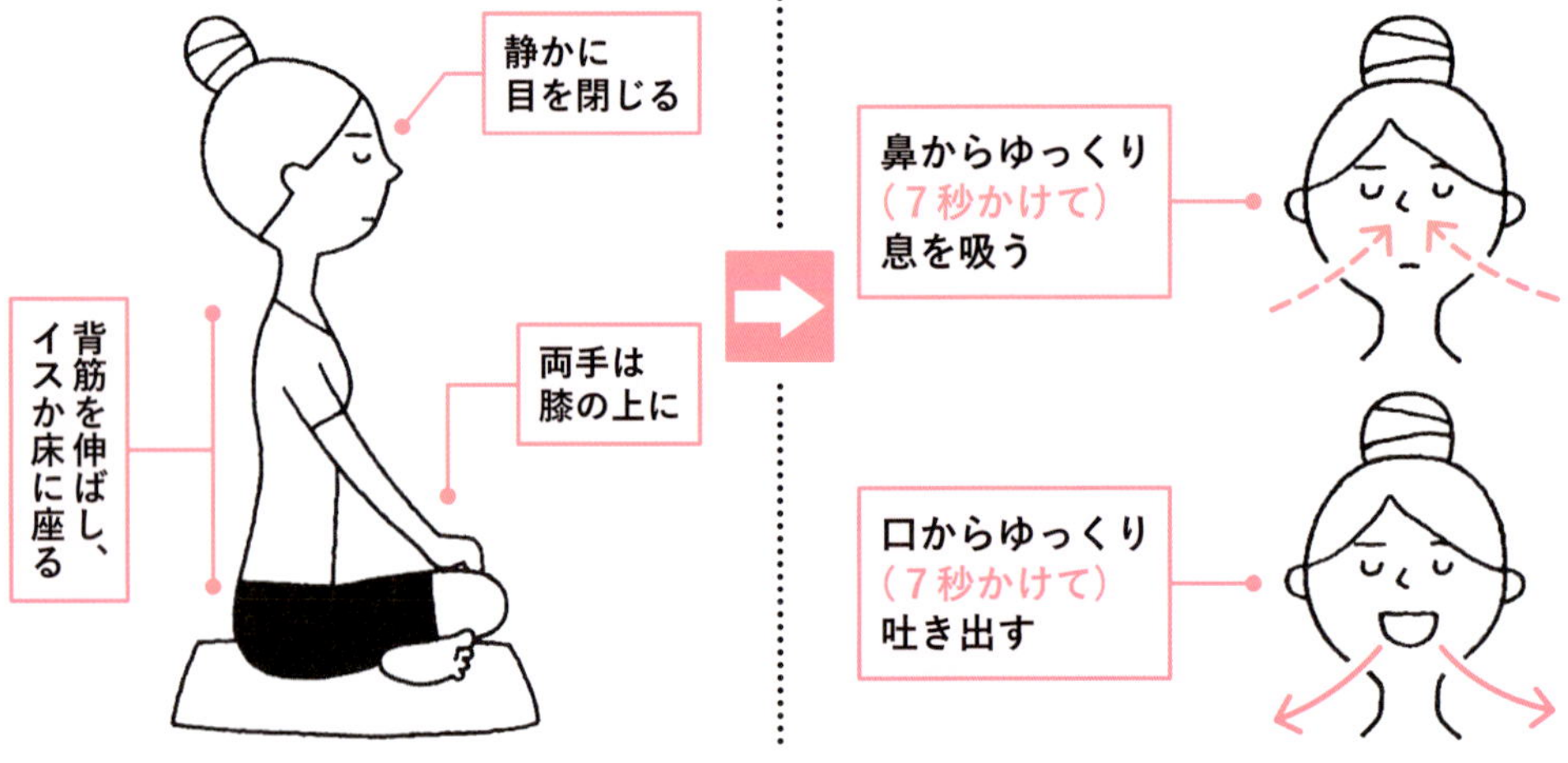
静かに目を閉じる
両手は膝の上に
背筋を伸ばし、イスか床に座る
鼻からゆっくり（7秒かけて）息を吸う
口からゆっくり（7秒かけて）吐き出す

最初のうちは、呼吸に意識を集中させよう

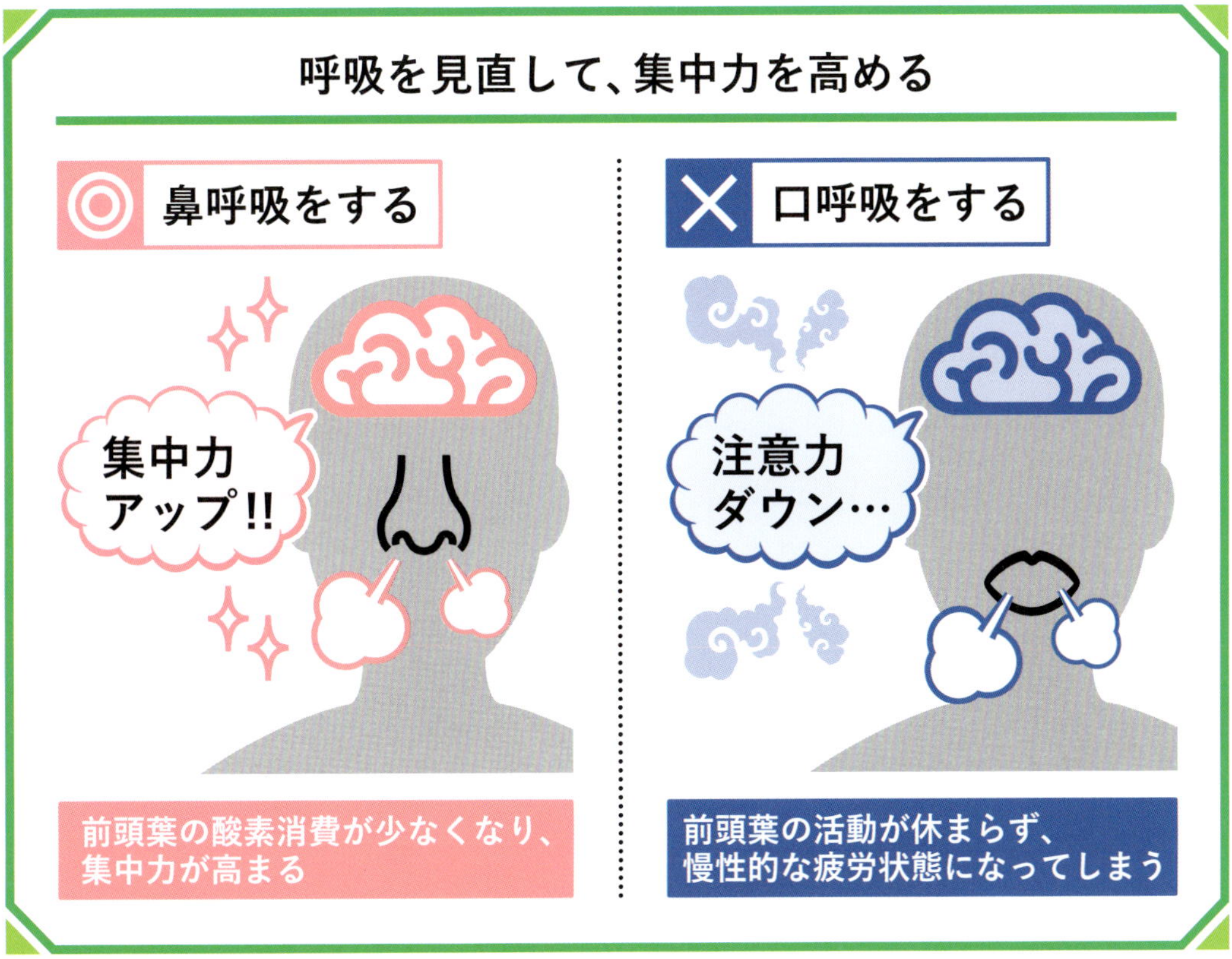
呼吸を見直して、集中力を高める
◎ 鼻呼吸をする
集中力アップ!!
前頭葉の酸素消費が少なくなり、集中力が高まる
× 口呼吸をする
注意力ダウン…
前頭葉の活動が休まらず、慢性的な疲労状態になってしまう

歯科医師である佐野真弘氏・佐野サヤカ氏と、加藤俊徳氏（「脳の学校」代表）らが行なった研究で、「口呼吸は鼻呼吸よりも、前頭葉により酸素消費を生じる」ことが報告されています。

これは、**口呼吸では前頭葉の活動が休まらず、慢性的な疲労状態に陥りやすくなる可能性を示す**ものです。

また同研究では、前頭葉の慢性的な疲労状態により、注意力が低下し、学習能力や仕事の効率の低下を引き起こすことが考えられる、と示唆しています。

日頃、どうも疲れやすい――そう感じる人は、呼吸を見直せば改善されるかもしれません。

私自身の実感としては、「瞑想をし出してからの自分の変化」を意識しながら瞑想を続けていると、効果がより高まるように感じています。

それた注意を、呼吸に戻すたびにウィルパワーが鍛えられるので、「自分は気が散りやすいタイプだからなぁ」と思う人ほど、集中力が身につきます。

DaiGoからのMessage

瞑想を習慣にすると、1日に好循環が生まれる。脳がデトックスされ、ポジティブな感情が持続する。

第2章 高い集中力を生み出す 7つのエンジン まとめ

1 色が持つ力を知るだけで、自分を「望む方向」に誘導できる

2 作業スペースに、余計なモノは置かない

3 姿勢を良くすると、前頭葉が活性化されて、集中力がアップする

4 低GI食品、ナッツ類、カフェインを上手に摂ると、脳にエネルギーが行き渡る

5 喜怒哀楽をスケジュールに組み合わせると、集中力がさらに高まる

6 「習慣化」すれば、集中しなくても、作業を処理できるようになる

7 たった数分の軽い運動で、消費したウィルパワーは回復する

8 「瞑想」を習慣にすれば、集中力が鍛えられる

第3章

疲れをリセットする 3つの回復法

疲れを感じている人は、ここから読み進めてください

疲れに対する対策として重要なポイントは、次の２つとなります。

１つ目は、「脳は疲れを知らない」という原則を知ること。２つ目は、疲労感の原因となっている３つの疲れ（体、心、神経の疲れ）を軽減し、脳疲労の唯一の要因であるウィルパワーをしっかりと回復させること。

本章では、３つの疲労の軽減とウィルパワーの回復に焦点を当て、あなたの集中力を高めるために役立つ３つのキュア（回復法）を紹介していきます。

キュア1

［睡眠］

疲れを回復させ、身体と脳を補強してくれる。

集中力を最大限に活用するために不可欠な睡眠

集中力を最大限に活用するために不可欠なのが「睡眠」です。

睡眠時間が6時間未満の慢性的な睡眠不足のとき、**人は普段よりも外部からのストレスや刺激に過剰反応しやすくなります。**すると、わずかな物音が聞こえても意識がそちらに向いてしまい、集中が続きません。**睡眠不足は集中力を奪う要因となる**のです。

適切な睡眠時間を確保することは、集中力を回復させるうえでも、仕事や勉強で成果を出すためにも欠かせません。なぜなら、人間の脳は寝ているときに回復し、学んだことを記憶に定着させているからです。

脳はウィルパワーの燃料となるブドウ糖を毎時約5グラム消費します。しかも、それは眠っている間も変わりません。

眠っている間、脳はエネルギーを消費しながら、主に2つの仕事を同時進行させています。

1つは**疲労の回復や損傷してしまった神経細胞の補強**です。

その際、日中に、第1章の「ルール」や第2章の「エンジン」を実践していると、筋肉トレーニングと同じ仕組みが働き、回復、補強が行なわれている間にわずかずつですが、ウィルパワーが鍛えられていきます。

もう1つの仕事は、**記憶の定着**です。起きている間、脳には五感を通じてありとあらゆる情報が集まってきます。その中で、記憶に残すべき重要な情報と不必要な情報を取捨選択し、記憶を定着させていくのです。

必要な睡眠時間には個人差がある

ウィルパワーの回復に必要十分な睡眠時間は、人によって異なります。

カリフォルニア大学の研究によると、人が必要とする睡眠時間は遺伝子によって決まっていて、3つのタイプに大別されます。

毎日3～4時間の睡眠で元気に過ごしているのが、「ショートスリーパー」に分類されるタイプの人たちです。

ショートスリーパーは、驚くほど短い睡眠時間で疲れを回復させることができます。

一方、10時間前後眠らないと元気にならない「ロングスリーパー」に分類される人たちもいます。

彼らは「怠けている」と誤解されがちですが、人よりも長時間眠らなければ疲れが回復しない体質なのです。

こうしたショートスリーパー、ロングスリーパーは双方合わせて、全人口の2割弱だとされています。残りの8割以上の人々は、7～8時間の眠りで回復する「ミドルスリーパー」です。

短ければいい、長ければいいではなく、**自分がどのタイプかを見極め、適切な睡眠時間を確保することが大切**です。

超集中力 Column

ミドルスリーパーは睡眠時間を圧縮することができる

ミドルスリーパーは「バリュアブルスリーパー」とも呼ばれています。訓練次第で、必要十分な睡眠時間を変えられる＝バリュアブルなスリーパーだからです。バリュアブルスリーパーの多くは、訓練によって必要十分な睡眠時間を6時間程度まで圧縮できることがわかっています。

ただし、ショートスリーパーほど短くすることはできません。「ショートスリーパーになりたい」と短時間睡眠を続けると、必ず無理が生じます。

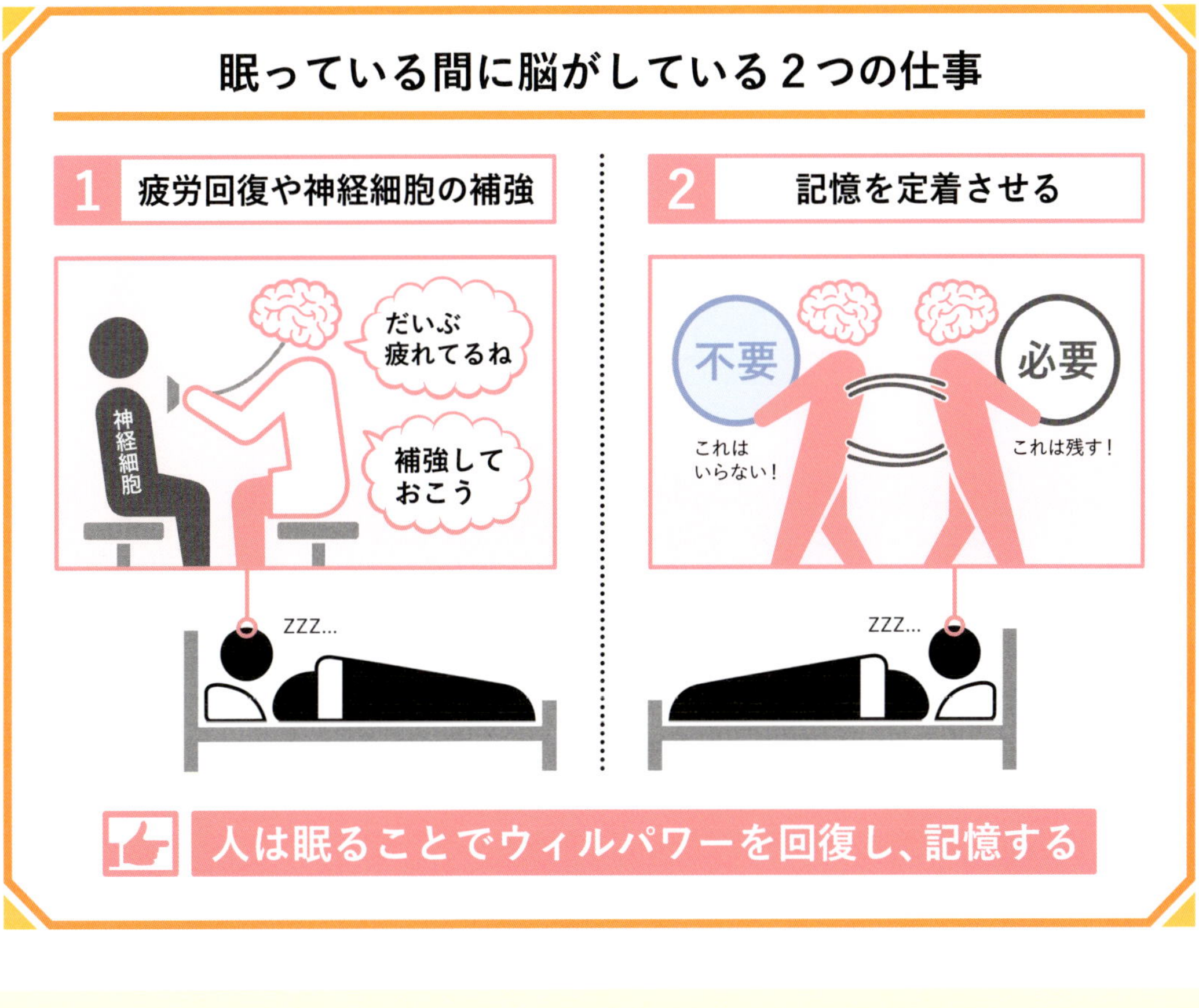
眠っている間に脳がしている2つの仕事
1 疲労回復や神経細胞の補強
神経細胞
だいぶ疲れてるね
補強しておこう
ZZZ...
2 記憶を定着させる
不要
必要
これはいらない！
これは残す！
ZZZ...
人は眠ることでウィルパワーを回復し、記憶する

睡眠時間は単に「短ければいい」、「長ければいい」というわけではない。

睡眠の質は22時から2時に決まる

眠り方の基本は朝型の生活スタイルです。

私たちはもともと夜行性の動物ではありません。朝起きて、太陽が出ている間に活動し、暗くなったら安全な場所に移動して、夜には眠りにつく。大昔からくり返されてきたこの「リズム」は、現代に生きる私たちの体にもしっかりと刻み込まれています。

ですから、質の高い睡眠を取るためにはまず、**朝早く起きて行動を開始する習慣を身につけること**です（早く起きる方法は、早く寝ることです）。

すると、夜21時、22時には自然と眠くなってきます。実はこの眠くなる時刻も非常に重要です。というのも、集中力を回復させる良い睡眠を取るためには、ショートスリーパー、ロングスリーパー、ミドルスリーパーのどのタイプにも共通して「何時に眠ったか」が関係してくるからです

具体的に言うと、**睡眠の質は22時から夜中2時の間に深い眠りに落ちているかどうかで決まります。**

この時間帯は、成長ホルモンが盛んに分泌されるゴールデンタイムです。

成長ホルモンと聞くと、成長期特有のものと思われるかもしれませんが、傷ついた細胞を修復し、疲労を回復させる効果があり、大人にとっても欠かせないホルモンなのです。

必要十分な睡眠時間は、人によって異なる

1 ショートスリーパー

- 毎日3～4時間の睡眠を取る
- 驚くほど短い睡眠時間で疲れを回復させることができる
- ナポレオンやエジソンが代表的な人物

2 ロングスリーパー

- 10時間前後の睡眠を取る
- 人よりも長時間眠らなければ疲れが回復しない体質
- アインシュタインが代表的な人物

3 ミドルスリーパー（バリュアブルスリーパー）

- 7～8時間の睡眠を取る
- 睡眠時間が7時間を切ると、判断力が低下する
- 訓練次第で必要十分な睡眠時間を6時間程度まで圧縮できる

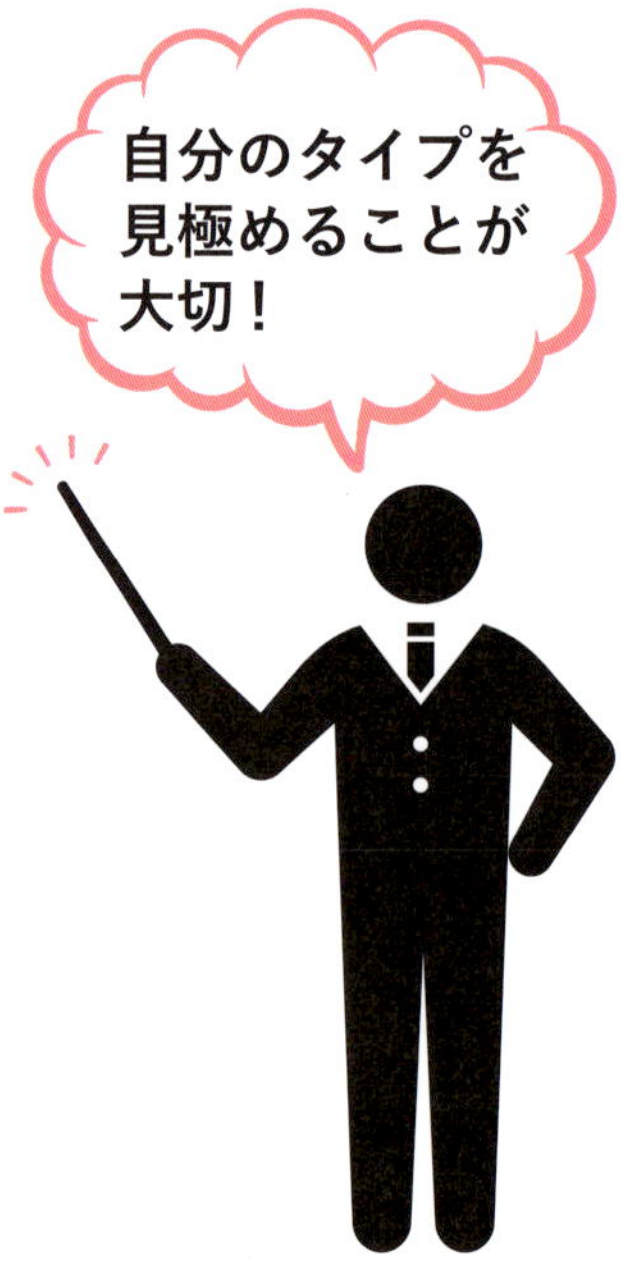
自分のタイプを見極めることが大切！

「セロトニン」をつくる方法

1 朝10時までに日光を浴びる

お茶でも
飲みながら…

20～30分ほど浴びるのがポイント

2 散歩などの運動をする

近所の公園まで
歩こう～♪

階段昇降などのリズム運動でもOK

3 トリプトファンを食事で摂る

豆乳
いただきます

肉や魚、大豆食品、乳製品などに含まれる

体内時計のズレを調整するために「セロトニン」を溜める

「眠りの質を高めたい」と思ってはいても、眠りに関する悩みを抱えている人は、少なくありません。

たとえば、なかなか寝つけないという悩み。これは夜型の生活リズムが続くうちに、体内時計にズレが生じてしまった影響です。

そのズレを調整するには、前にも触れた**「セロトニン」を体内に溜めることが大切。**セロトニンは、ストレスをコントロールし、不安を取り除いてくれるなど、集中力にも深く関与します。

セロトニンをつくるには、起きてから午前10時までに日光を20～30分ほど浴びることや、散歩などの軽い運動をすること、そして肉や魚、豆乳や納豆といった大豆食品、乳製品などに含まれるトリプトファンを摂取することが良いとされています。朝起きて20～30分ほど散歩をし、焼き魚に味噌汁といった朝食を摂ると、体内時計はもちろん、生活リズムも整います。

集中力をグンと高める 3 Point

1. 自分に合った睡眠時間をしっかり寝る
2. 成長ホルモンが分泌される22～翌2時の間は寝ておく
3. 睡眠のズレを調整するには、「セロトニン」を溜める

早く寝るための夜の生活リズム

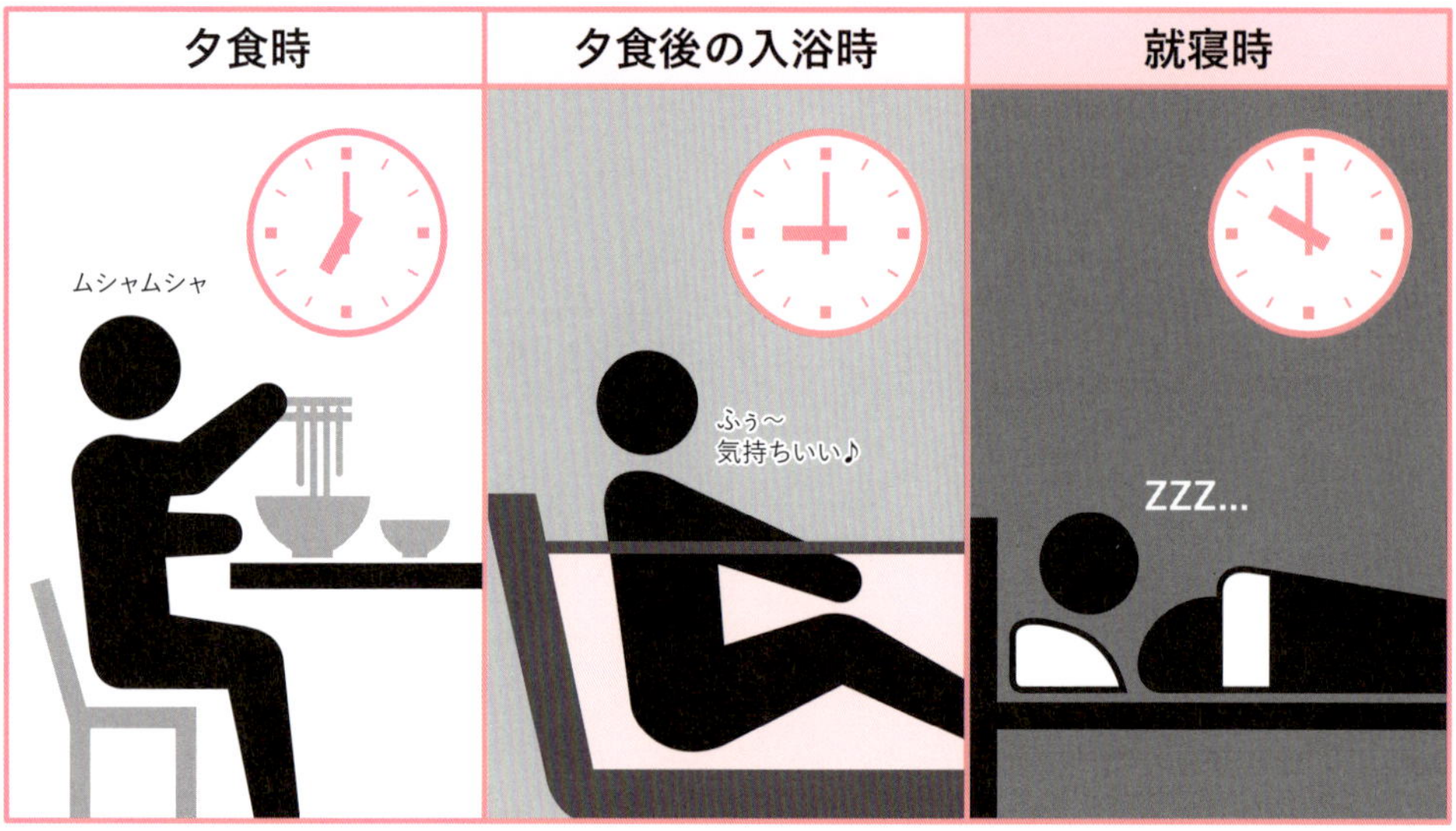

明るさを徐々に落とし、寝る準備をつくる

寝る2〜3時間前に食事を摂り、入浴して1時間休んでから寝よう。

眠る2時間前からスマホやテレビ、パソコンは見ない

一方、快眠を妨げる「悪い習慣」もあります。それは寝る前にスマートフォンやテレビ、パソコンの画面を見ること。液晶画面から出るブルーライトは、人間の活動性を高めるので、脳が昼間だと勘違いしてしまいます。

できれば、眠る2時間前からスマホやテレビ、パソコンの画面を見ないようにしましょう。

また、**寝る1時間前に入浴するのも、入眠を促すのには効果的**です。入浴すると体が温まり、一時的に体温が上昇。その後、徐々に体温が下がるにつれ眠くなる習性が働きます。

この体温の下がるタイミングに合わせて布団やベッドに入ると、自然と眠気が訪れます。

ですから、寝る2〜3時間前に食事をし、風呂に入ってから1時間休む。その間にブルーライトは浴びないようにする。これで睡眠の質が上がります。

20分のパワーナップがウィルパワーを劇的に回復させる

日中にウィルパワーを回復させたいなら、**パワーナップと呼ばれる仮眠がオススメ**です。

パワーナップとはベッドや布団などに横になる昼寝と違い、目を閉じ、じっとして休息することで疲れと眠気を取り去る脳の回復法。

15分のパワーナップは、3時間の睡眠に匹敵するとされています。

その秘密は、人の眠りのベースとなっている「ウルトラディアンリズム」にありました。私たちの睡眠は、90分の深い眠りと20分の浅い眠りをくり返すリズムで成り立っています。パワーナップは20分の浅い眠りを取ったと脳に錯覚させて、ウィルパワーを劇的に回復させます。これがスリープ（睡眠）である仮眠とパワーナップの違いです。

パワーナップを行なう際は部屋の明かりを消した状態で横になり、目を閉じ、ゆっくり呼吸する状態が最適とされています。しかし、**イスに座った状態で目を閉じ、腕を枕に呼吸のペースを落とすことでも同様の効果が得られる**こともわかっています。

ですから、昼休みの20分を使えば、会社でも簡単に実践することができるはずです。周囲の物音や光が気になる人は、耳栓やアイマスクを使うといいでしょう。自分なりの快適なパワーナップ方法を見つけてください。

DaiGoからの Message

成功者ほど、よく眠っている。疲れを持ち越さないために、ゴールデンタイムである22～翌2時は、休息しよう。

パワーナップでウィルパワーを回復

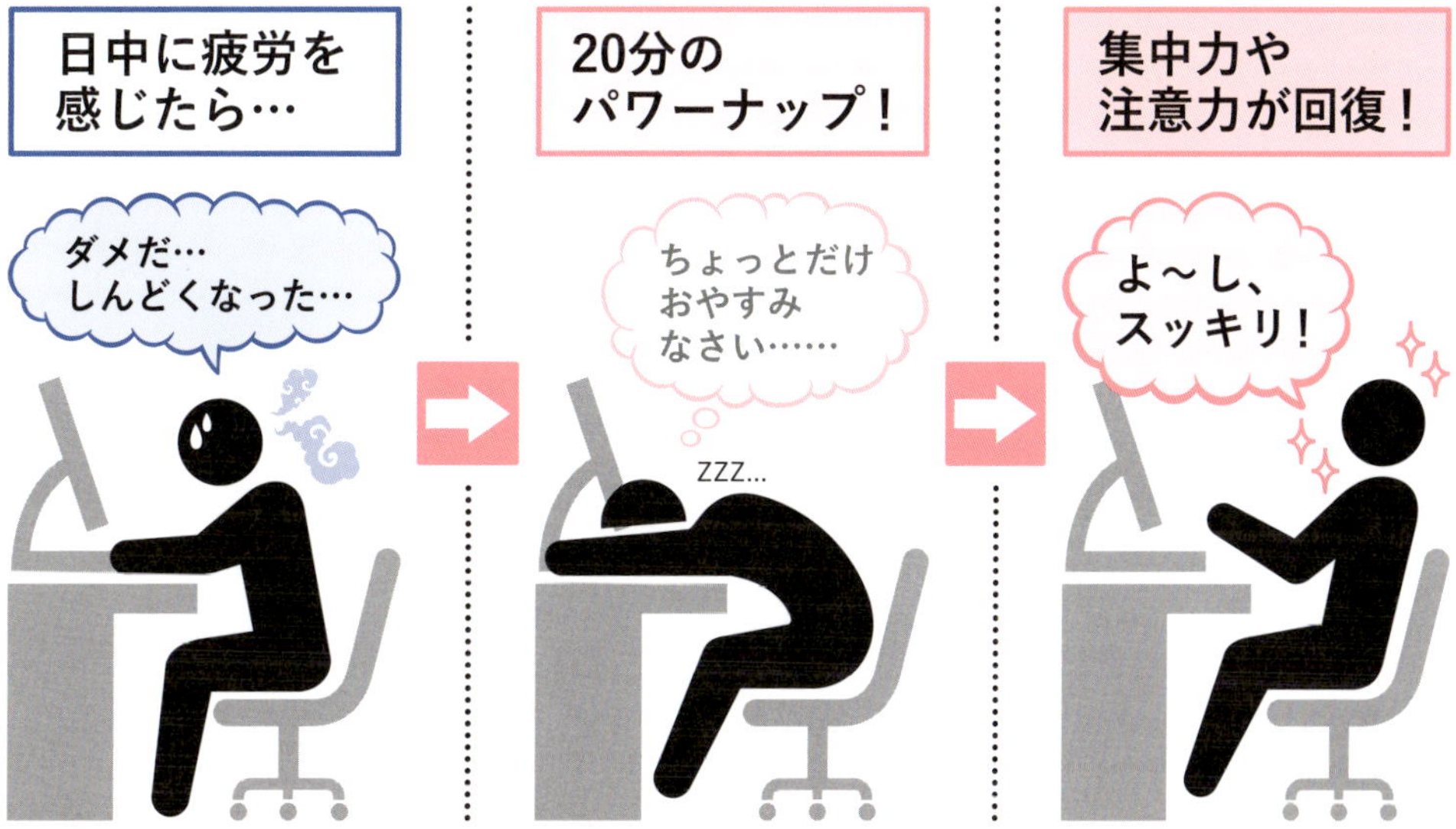
日中に疲労を感じたら…
ダメだ…しんどくなった…
20分のパワーナップ！
ちょっとだけおやすみなさい……
ZZZ...
集中力や注意力が回復！
よ～し、スッキリ！

15～20分のパワーナップは、夜3時間分の睡眠に匹敵

キュア2

感覚から癒やす

脳の疲れだと錯覚している「疲れ」をリセットする。

現代の暮らしは目を酷使している

仕事や勉強をしていると、「脳が疲れた」と感じることがあると思います。

そして、脳の疲れが集中力を低下させているのだと考える人も多いのではないでしょうか。

しかし、最新の脳科学の研究によると、**「脳は疲れない」**と言われています。実は、私たちの感じている疲労の原因は脳の疲れではなく、体の他の場所にあるということです。

その場所とは具体的に言うと、神経と筋肉。とくに神経の集中している目の疲れを、私たちは「脳の疲れ」と錯覚しているのです。

とはいえ、こうした体の各部位の疲れが、集中力や記憶力の低下に関係しているのは事実。つまり、**目の疲れを取ることで、集中力を取り戻すことができる**のです。

仕事中や勉強中の自分を思い返してみると、あなたも自分がどれだけ目を酷使しているか、すぐに気づくのではないでしょうか。

細かい字が表示されたパソコンのモニタを長時間見つめ、休憩時間にスマホをいじり、会議などでは紙の資料を読み込みます。受験生は参考書を熟読し、問題集を解き、休み時間にスマホのゲームでリラックス。いずれにしろ、現代の暮らしは目を酷使する生活と直結しています。

そして、目を使えば使うほど、脳に送られる情報は増え、その取捨選択のためにウィルパワーは消費されていくのです。

目が疲れると集中力が続かない

一方、目の疲れはそのまま集中力の低下につながります。

たとえば、長時間パソコンを使い、モニタを見つめていた結果、目がかすみ出し、頭もぼんやり。そんな経験をした方も少なくないはずです。

どんなにやる気があっても、目が疲れると集中力が続きません。これは脳が疲れているのではなく、情報の入口である目の疲れが集中することを妨げているからです。

裏を返せば、**疲れによる目の機能の低下を適宜、回復させることができれば、それだけ集中力を持続させられる**ということ。つまり、集中力をキュアさせるうえで、目の疲れを解消することは、非常に効果的なのです。

目を温め、ストレッチを行ない、休ませる

目の疲れの原因の1つは「目の周りにある筋肉の緊張」です。パソコンやスマホのディスプレイをじっと見続けたりして、長い時間目を動かさないことで疲労が蓄積されていきます。

目の疲れの解消には、まず筋肉の緊張をほぐすことから始めましょう。すぐに実践できるオススメのケアを次頁で3つ紹介します。

超集中力 Column

目は、脳とダイレクトにつながる特殊な器官

「目は心の窓」と呼ばれるほど、その動きが心理を映し出ます。その理由は、目が脳と直結しているからです。

脳から出ている末梢神経である脳神経は、12種類。その4分の1に当たる3つの神経、三叉神経、視神経、動眼神経が目につながっていて、とくに視神経と動眼神経は他の器官を経由せず、ダイレクトに脳と連結されています。脳と器官が脳神経によって直結されている器官は、目だけ。目はとても特殊な器官なのです。

目が疲れると、集中力が続かない

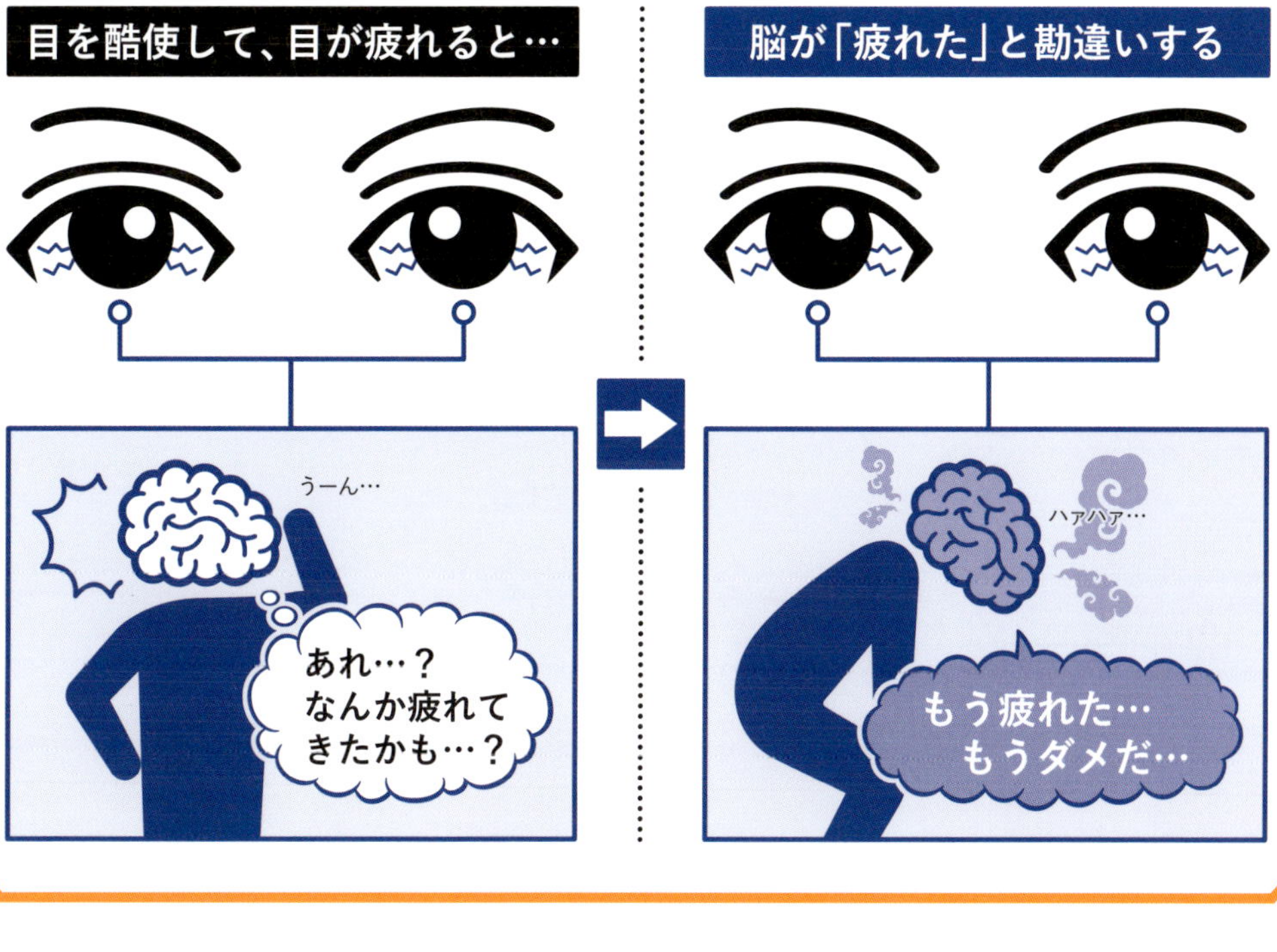
目を酷使して、目が疲れると…
うーん…
あれ…？
なんか疲れてきたかも…？
脳が「疲れた」と勘違いする
ハァハァ…
もう疲れた…
もうダメだ…

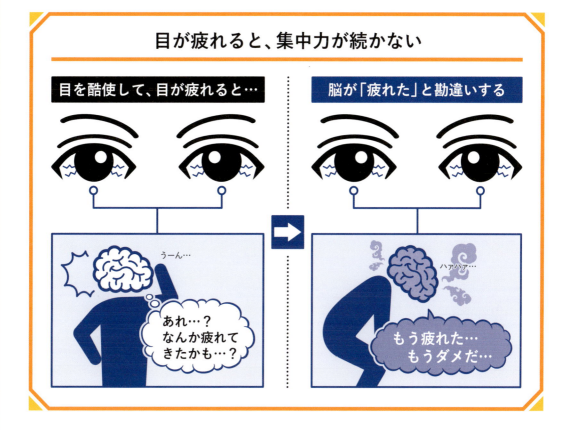

目の疲れを癒やし凝《こ》りをほぐせば、集中力を持続させられる。

①目を温める

電子レンジで温めた蒸しタオルなどを使い、**5分ほど目元を温めると、疲労の他、ドライアイなどのつらさも軽減されます。**

②目のストレッチを行なう

まずまぶたをギュッと固く閉じ、その後パッと大きく開きます。これを数回くり返した後、眼球を上下左右に動かします。これを3セットほど行なったら、仕上げに眼球を右回りに1回転、左回りに1回転、円を描くように回します。

遠くのものを見るストレッチの方法もオススメです。3mくらい先の目標を見てから、目から30cmほどの近くを見る動作を交互に20回くり返します。

③目を休ませる

最も効果的な方法は、**真っ暗闇の中で視覚情報をシャットアウトする**ことです。アイマスクをつけて5～10分行なうパワーナップが効果的です。また、両手をこすり合わせて手のひらを温かくし、まぶたに手が当たらないよう窪みをつくって両目を覆う「パーミング」もいいでしょう。光が入らないよう指の間をしっかり閉じたら、まぶたを開け、手のひらの中の暗闇を1分間見つめます。

嗅覚を刺激して、ウィルパワーを回復させる

目の疲れを取り除いたあとは、鼻（嗅覚）を通して、ウィルパワーを回復させましょう。

感情を司る大脳辺縁系は、嗅覚

やってみよう 目のためのオススメのケア方法

1 目を温める

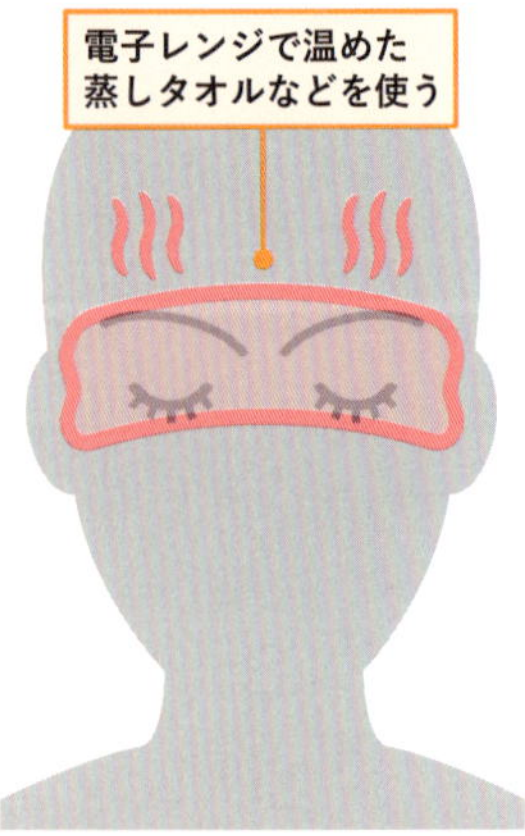
電子レンジで温めた蒸しタオルなどを使う

血の巡りが良くなり、疲れが軽減する

2 目のストレッチ

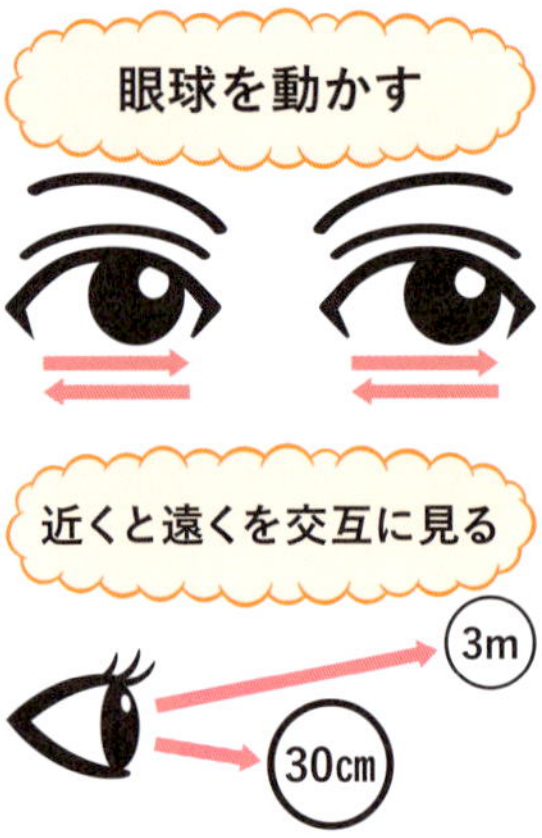
眼球を動かす
近くと遠くを交互に見る
3m
30cm

乾燥していた眼球に潤いを取り戻す効果も

3 目を休ませる

アイマスクをつける
パーミングをする

目薬やマッサージを上回る疲労回復効果も

ウィルパワーの回復に効果的な香り

ローズマリー

エッセンシャルオイルを数滴ティッシュに垂らす

脳への血流に作用し、ウィルパワーが回復

ペパーミント

温かいミントティーを淹れて楽しんでもOK

仕事や勉強による疲労、眠気を改善

シナモン

シナモンスティックを集中したいときに嗅ぐ

脳の認識機能と記憶力を高める

から入ってきた香りに応じてある感情を呼び起こし、行動を促したり、記憶を呼び起こしたりします。この関係に着目し、特定の匂いを嗅覚から脳へと送ることで、疲労回復やストレス解消、リラックス効果を実現するのが、アロマテラピーです。ここでは、とくにオススメの3つの香りをご紹介します。

●ローズマリー

脳への血流に作用し、ウィルパワーが回復すると言われています。アロマテラピー用のエッセンシャルオイルを数滴ティッシュに垂らして使うのが、手軽な利用法です。

●ペパーミント

爽やかな香りにはリフレッシュ効果があり、敏捷性《びんしょうせい》や集中力を高めます。エッセンシャルオイルも便利ですが、ミントティーを淹れて楽しむとウィルパワーの回復とリラックス効果が得られます。

●シナモン

脳の認識機能と記憶力を高めるとされています。シナモンスティックを常備し、集中したいときに嗅いでみましょう。

DaiGoからの **Message**

目は、脳につながる大切な器官。疲れる前に視覚を5分閉ざして、集中力を取り戻そう。

キュア3

不安を書き出す

ワーキングメモリーをリセットして、本番に強くなる。

情報を一時的に保つワーキングメモリー

あなたには、こんな「モヤッとした経験」がないでしょうか？

部屋に本を取りに行ったはずが、床の汚れが気になってハンディ掃除機を使っているうち、何をしに来たのか忘れてしまった。

スーパーに電球を買いに来たはずが、セール品の棚を見ているうち、安くなっていたスナックを買い、電球を買い忘れてしまった。

雑誌を眺めながら友だちと雑談していたら、ついさっき見た映画の主演俳優の名前が出てこなくなってしまった。

実はこれ、第3の記憶と呼ばれる「ワーキングメモリー」と関係しています。

記憶には最近の出来事を覚える短期記憶と、昔のことを覚えている長期記憶があります。しかし、この2つの記憶だけでは、何かと生活が不便です。そこで発達したのが、情報を一時的に保つワーキングメモリーという機能。これは**何か目的を持って作業するときに使っている記憶力**のことです。

ワーキングメモリーにはウィルパワーと同じく個人差があるものの、一定の容量があります。同時にいろいろな作業をこなしたり、選択と決断をくり返したりするうち、覚えられないものが増えてくるのです。

すると、ボーっとしたり、判断が鈍ったり、1つのことを深く考え続けることができなくなります。つまり、ワーキングメモリーがいっぱいになった状態も、集中力の低下した状態だと言えるのです。

不安を書き出すと緊張が和らぐ

そんなワーキングメモリーについて、シカゴ大学の心理学者シアン・バイロック教授がおもしろい実験を行なっています。

バイロック教授らは、大学生の被験者20名に2セットの数学のテストを受けてもらいました。

1回目のテストでは単純に「ベストを尽くすように」と指示し、2回目のテストの前には「成績優秀者には賞金が出る」「成績が悪ければ連帯責任としてチームの他のメンバーに迷惑をかける」といった「プレッシャー」を与えました。

そして、2回目のテストの前に、半数の学生には10分間「試験に関する不安」を書き出してもらい、もう半分の学生には10分間静かに座っていてもらいます。

その結果、試験直前に静かに座っていたグループは2回目のテストで、1回目のテストより正答率が12％も低下。一方、**試験前に不安を書き出したグループは2回目のテストのほうが、1回目より5％正答率が向上した**のです。

併せて、バイロック教授らは別の実験で「紙に何かを書く行為」に緊張を和らげる効果があるのではなく、**「試験に対する不安について書き出すこと」に効果がある**ことも証明しています。

集中力をグンと高める 3 Point

1. ワーキングメモリーの容量を超えると集中力が低下する
2. 不安な気持ちを紙に書き出すとワーキングメモリーが復活する
3. 休憩後は簡単な作業を行なってリズムをつくると集中力が続く

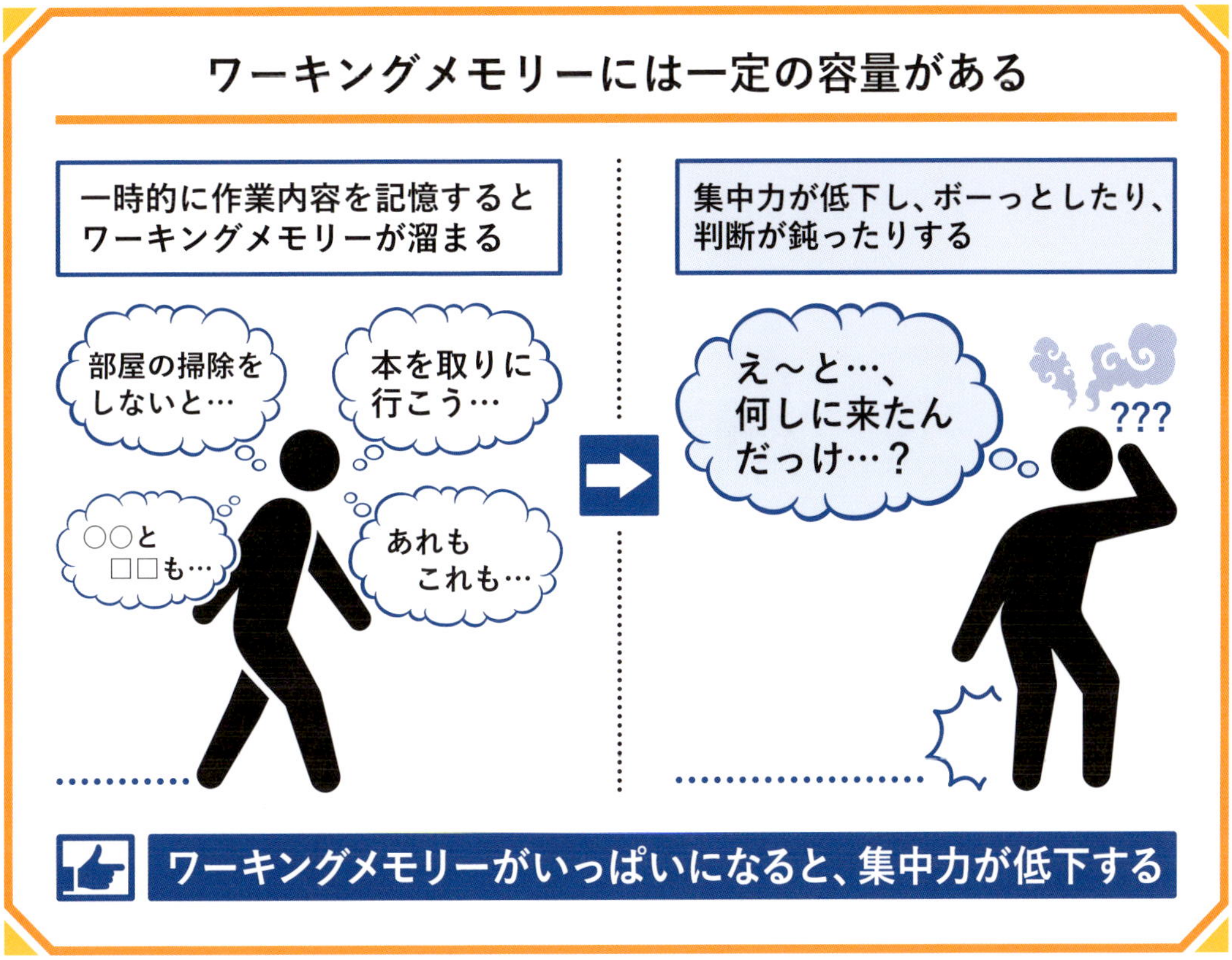
ワーキングメモリーには一定の容量がある
一時的に作業内容を記憶するとワーキングメモリーが溜まる
部屋の掃除をしないと…
本を取りに行こう…
○○と□□も…
あれもこれも…
集中力が低下し、ボーっとしたり、判断が鈍ったりする
え～と…、何しに来たんだっけ…？
???
ワーキングメモリーがいっぱいになると、集中力が低下する

心配事を書き出すことで、ワーキングメモリーをリセットさせる。

本番前に不安を書き出すことでパフォーマンスが向上

なぜ、「試験に関する不安を書き出す」と成績が向上するのか。その理由は、ワーキングメモリーにあります。

プレッシャーを受け、試験に対する不安が高まると、ワーキングメモリーが心配事だけで手一杯になってしまうのです。

ところが、**紙に書き出すことで心配事が外に吐き出される**のです。その結果、ワーキングメモリーがリセットされ、空き容量が増えるという仕組みです。

バイロック教授らは、本番で実力が発揮できないプレッシャーに弱いタイプの人は、本番前に不安を書き出すことでパフォーマンスが大きく向上すると指摘しています。つまり、自分の不安な気持ちを書き出すことには頭の中をスッキリさせ、集中力を高める働きがあるのです。

いざというときに集中力を発揮したいなら、手を動かして、紙に不安をすべて書き出してしまいましょう。

簡単なことから始めてどんどん手を動かす

手を動かして不安を取り除くことをお話ししましたが、最後に、同じく手を動かして、休憩後に速やかに集中力を取り戻す効果的な方法をご紹介します。

事前に不安を書き出すと、集中力が向上する
試験前に不安を書き出す
カキカキ
カキカキ
カキカキ
試験後
試験の正答率が向上！
ワーキングメモリーがリセットされて容量が復活する
試験前に静かにしている
……。
……。
……。
試験後
試験の正答率が低下…
ワーキングメモリーが心配事でいっぱいになってしまう

最初に集中できると、その後も集中力が続く

よし、休憩終了！
仕事を再開しよう！
まずは簡単なことから始める
このメールの返信なら簡単だな
スラスラ！
徐々に難しい作業に入っていく
リズムができてきたぞ〜！

休憩後の最初の５分で、一定のリズムをつくっていく

DaiGoからの **Message**

集中力は、手でつくるもの。負の感情を書いて、プレッシャーに勝てる脳をつくろう。

人は、**最初の5分間にうまく集中することができると、その後も集中力が続く**とされています。

つまり、休憩後の最初の一歩が肝心。ここでグッと仕事や勉強に向き合うモードをつくることができれば、質の高い集中した時間をつくり出せるのです。

大切な成果に向けて、明暗を分けることとなる集中状態。そこへの導入をスムーズにするテクニックが、**「簡単な作業、解ける問題から取り組むこと」**です。

いきなり難しい問題や難易度の高い作業から入ろうとすると、すぐに集中力が途切れてしまいます。そういうものは後回しにし、まずは簡単なことから始めてどんどん手を動かしていきましょう。

大切なのは作業を始めた5分間で、簡単なことに着手し、一定のリズムをつくることです。

これは、苦手意識を持っている作業に向き合うときほど、より効果的。**最初に簡単なことを行なってリズムをつくり、苦手意識を薄くすることで、自信と集中力が持続します。**

第3章 疲れをリセットする 3つの回復法 まとめ

1 睡眠不足は、集中力を奪う原因となるので、**適切な睡眠時間**を確保する

2 睡眠の質は、**22時から夜中2時の間**に深い眠りに落ちているかどうかで決まる

3 寝る前に**スマホ、テレビ、パソコン**の画面を見ると、快眠を妨げる原因になる

4 **目の疲れを取る**ことで、集中力を取り戻すことができる

5 **「目を温め、ストレッチを行い、休ませる」**と、ウィルパワーが回復する

6 特定の香りを**嗅覚から脳へと送る**ことで、疲労回復やリラックス効果が実現できる

7 情報を一時的に保つ**ワーキングメモリー**がいっぱいになると、集中力が低下する

8 **不安や心配事を書き出す**と、ワーキングメモリーがリセットされて、集中力が高まる

第4章

集中力を自動でつくり出す 5つの時間術

いつもの仕事の時間を変えるだけで、パフォーマンスは上がっていく

「重要な仕事は、忙しい人に頼め」という格言めいた言葉があります。「重要な仕事の集まる人」たちは、高い自己コントロール力によって、「時間がないが、やらなくてはいけない状況」に自分を追い込み、短時間でより多くの作業を処理できる集中力をつくり出しています。

この「集中力を自動的につくり出す時間術」は、誰でも、訓練によって身につけることができます。

なぜなら、24時間をどう振り分けていくかは、あなた自身で決めることができるからです。

時間術1

超早起き

人生で大切なことは、午前中に終わらせろ。

人生を変えるなら朝30分を自分のために使え

脳科学の研究によると、**脳は、朝起きてから2時間の間に最もクリエイティブな力を発揮する**ことがわかっています。

ところが、世の中の多くの人は、その価値を知らないため、朝の時間をフイにしています。「5分でも長く寝たい」という思いから通勤、通学時間にぎりぎりセットした目覚まし時計で起き出し、バタバタと準備をして、朝食もそこそこに家を出ます。

その結果、勉強や仕事の中でクリエイティビティや集中力を必要とする場面に出くわしたときにはすでにウィルパワーの多くが失われており、集中できないまま1日が終わってしまうのです。

集中力が最も高くなる朝の2時間の中でも、とくに重要な30分があります。それは**十分な睡眠を取り、朝食を摂った後の30分。**

このゴールデンタイムは、1日の中で最も集中して物事に臨みやすく、自分をコントロールする力も高まっている時間帯です。

8時に家を出るのなら、**6時に起き、朝食を済ませ、6時半～7時半の1時間を自分だけのために使う。**そんな習慣をつけましょう。

大切な仕事や勉強ほど朝にやる

朝食後30分をピークとした集中力の高い状態は、そこから約4時間持続することが明らかになっています。**6時に起床した人なら、11時くらいまでが知的作業に向いた時間帯**ということです。

その後、午後にかけては徐々にウィルパワーを失い、クリエイティビティや集中力を発揮するのが難しくなります。もちろん、すでに紹介したパワーナップなどの方法で一時的な回復はできますが、それでも朝のゴールデンタイムを超えるピークには至りません。

ウィルパワーの量に合わせた理想的な1日のスケジュールは、大まかに「大きな決断」→「クリエイティブ作業」→「単純作業」の順となります。

朝に行ないたい7つの行動とは

では、大事な朝はどんなふうに過ごすと集中力をつくり出すことができるのでしょうか。

私は早起きの実践者たちの実例や脳科学などの研究書を読み込み、また、メンタリストとしての知識を合わせて、誰もが集中力をつくり出すことができる「朝、行なうべき7つの行動」をまとめました。

①早起きして、朝食を摂る。
②グリーンエクササイズなどで、朝日を浴びながら軽く汗を流す。
③モチベーションの上がる話題や言葉、詩に触れる。
④ノートやパソコンなどに日常の幸せへの感謝を書き留める。

集中力をグンと高める 3 Point

1 毎日のゴールデンタイムは朝食を摂った後の30分

2 「決断」⬇「クリエイティブ」⬇「単純作業」の順で1日を過ごす

3 朝はモチベーションアップやスケジューリングも大切

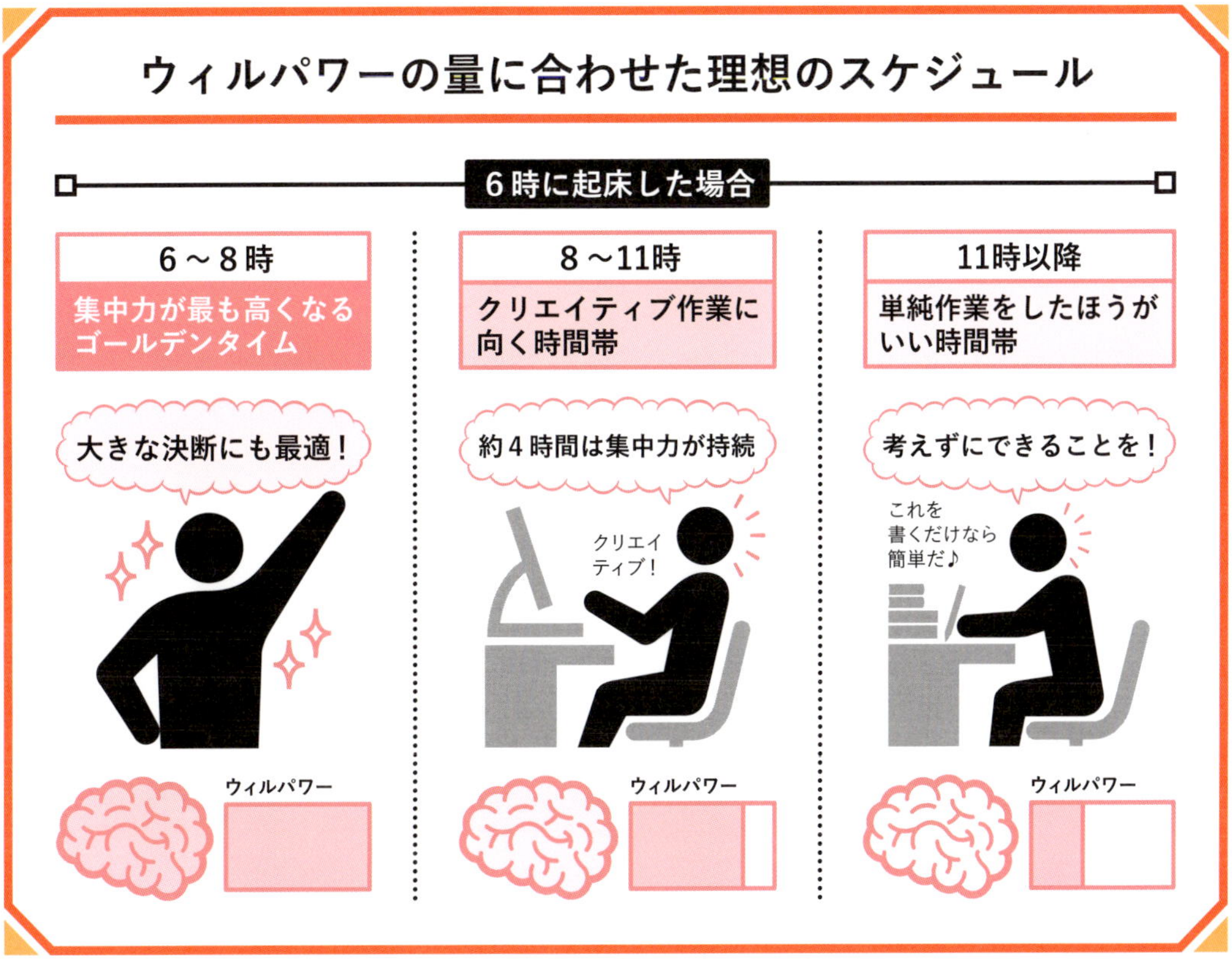
ウィルパワーの量に合わせた理想のスケジュール
6時に起床した場合
6～8時
集中力が最も高くなるゴールデンタイム
大きな決断にも最適！
ウィルパワー
8～11時
クリエイティブ作業に向く時間帯
約4時間は集中力が持続
クリエイティブ！
ウィルパワー
11時以降
単純作業をしたほうがいい時間帯
考えずにできることを！
これを書くだけなら簡単だ♪
ウィルパワー

朝10分の作業を仕組み化することで、1日の過ごし方が超効率的になる。

早起きしたときの頭はクリアな状態になっています。そこで、**「今日が人生最後の日ならどうする」**と問うことで、大げさに言えば、この先の人生の目標を思い描くことができます。

毎日の仕事での突然のミーティングや顧客からのクレームなど、予想外の出来事で失っている時間や集中力は、長期的に考えると、大きな損失。こうしたムダを省くため、**毎朝10分ほど、その日の予定を考える時間**をつくりましょう。

⑤「今日が人生最後の日ならどうする」と自分に問う。
⑥その日の計画を10分以内に立てる。
⑦短時間の瞑想をする。

①と②の早起きと運動、⑦の瞑想の効用は前述した通りです。ウィルパワーの源である脳の前頭葉へダイレクトに働きかけ、集中力を高めてくれます。

③、④の前向きなインプットやメモは、心を整えるためのアクセント。朝日を浴びることで脳内に分泌されている「幸せホルモン」と呼ばれるセロトニンの働きをさらに高めるのが狙いです。前向きに新しい1日を始めます。

⑤と⑥は長期と短期のスケジューリングです。

毎日20冊の本を読む私の時間術

私にとって**朝は、大切なインプットの時間**です。新しい分野の本

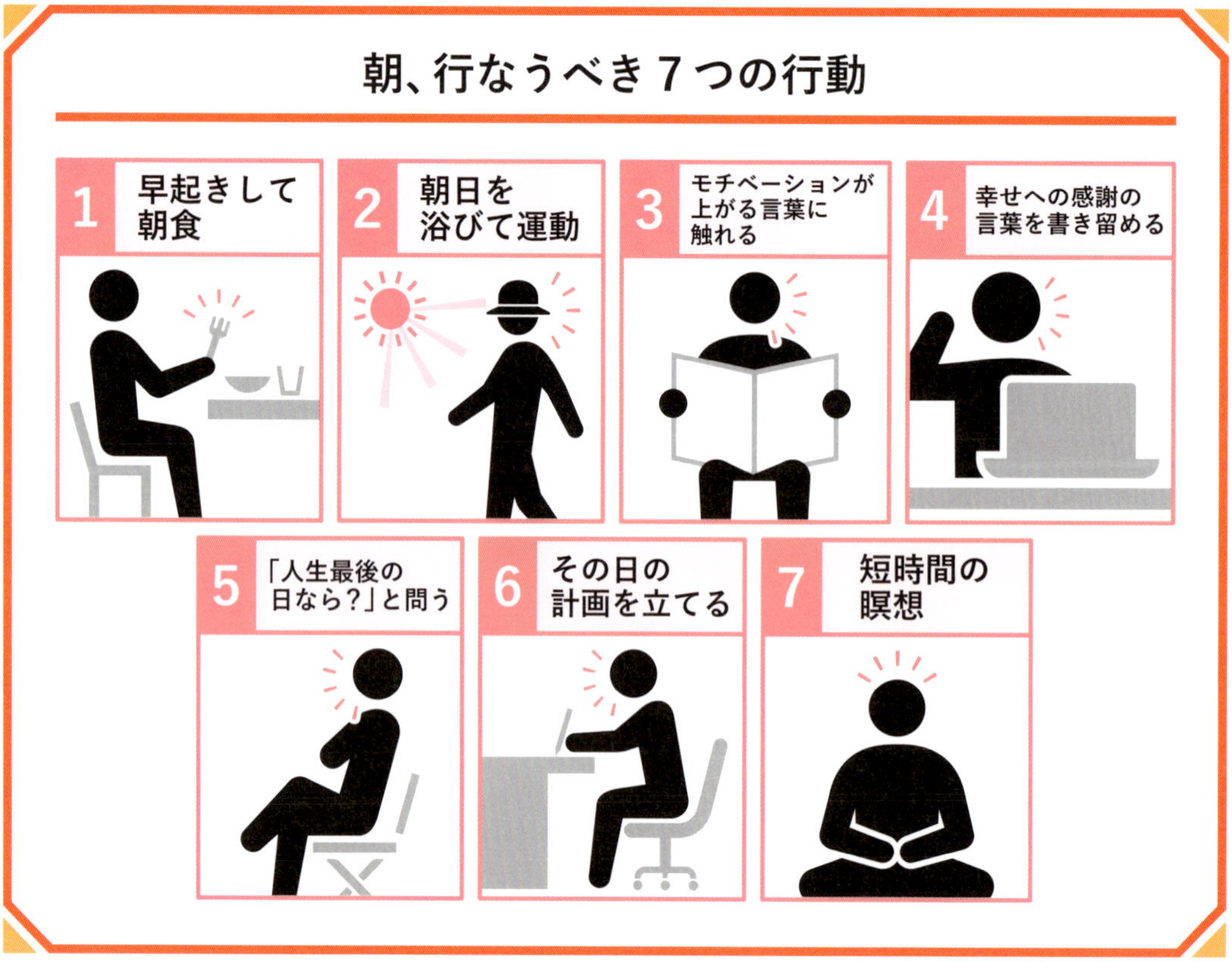

朝、行なうべき7つの行動
1 早起きして朝食
2 朝日を浴びて運動
3 モチベーションが上がる言葉に触れる
4 幸せへの感謝の言葉を書き留める
5 「人生最後の日なら？」と問う
6 その日の計画を立てる
7 短時間の瞑想

著者のおもな1日の使い方

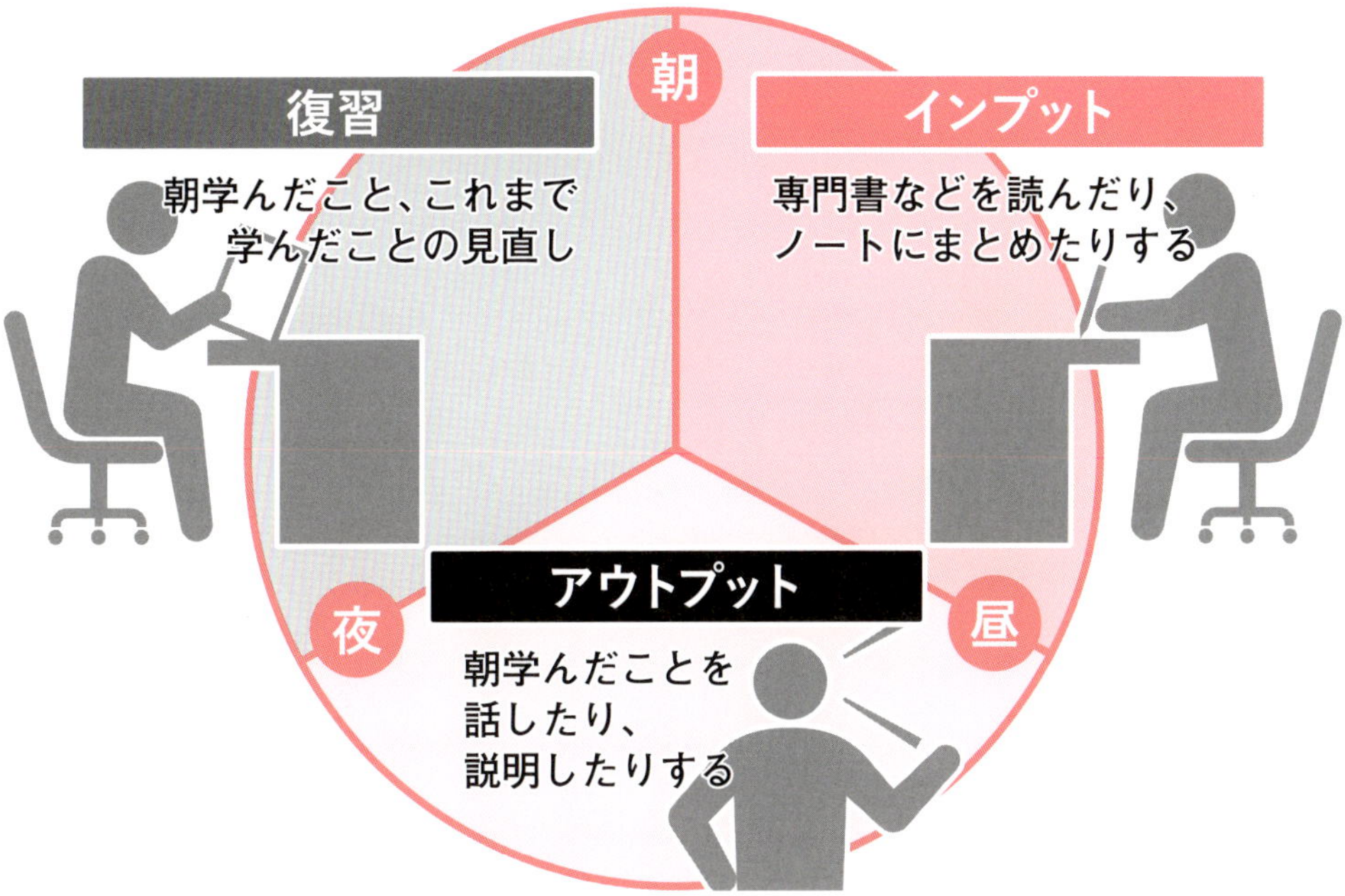
朝
復習
朝学んだこと、これまで学んだことの見直し
インプット
専門書などを読んだり、ノートにまとめたりする
アウトプット
朝学んだことを話したり、説明したりする
夜
昼

を読み、集中して机に向かい、ノートにアイデアなどを書き出す時間に使っています。

昼は、基本的にアウトプットする時間に使っています。ミーティングや講演、メディアでの活動など、多くの人に会いながら自分の考えを話すことはアウトプットでもあり、同時に、朝インプットしたものを定着させる「復習」の役割も担っています。

夜は復習の時間です。学校や塾での勉強、職場での仕事を終えた後は誰しもウィルパワーを消耗しています。私も、1日の終わりに集中力が低下します。ですから、夜は関心を持っている分野の知識を補完するような軽めの本を読んだり、自分のアイデアノートを見返したり、まったく仕事とは関係ない映像を見るなど、切り替えた時間の使い方をしています。

集中力を存分に活用して1日を使いたいなら、朝はインプットの時間、昼はアウトプットの時間、夜は復習し、定着させる時間とし、これを**毎日くり返し、仕組み化していきましょう。**

DaiGoからのMessage

起きてから2時間が生産性のピーク。朝は誰にも邪魔されず、人生のタスクと向き合おう。

時間術2

ポモドーロ・テクニック

最大の成果は、30分の積み重ねで手に入る。

25分の集中と5分の休憩をくり返す

時間術❶「超早起き」で、1日の大きな時間の流れをコントロールし、集中力をつくり出す方法をお伝えしました。この後の時間術❷〜❺にかけては、より短い単位での時間の使い方、集中力を持続させ、無駄にしない方法を紹介していきます。

時間術❷は「**ポモドーロ・テクニック**」。集中力が持続する時間が短いと悩んでいる人にオススメの方法です。

これは、**25分の集中と5分の休憩をくり返す**というもの。作家のフランチェスコ・シリロによって考案されたもので、「ポモドーロ」という名前は、彼が学生時代に愛用していたトマト形のキッチンタイマーにちなんでつけられたそうです。

その方法論はシンプルで、取り組むべきタスクを短い時間単位に分割し、5分間の休憩を挟みながら処理していくだけ。**時間をかけずに集中状態に入るための訓練にもなり、続けていけば、注意力や集中力も強化されます。**

ストップウォッチやキッチンタイマー、スマートフォンのアラーム機能などを使い、集中する時間を区切り、「もう少しやりたかった」というところで休憩に入ることで集中力を高める狙いです。

「25分でもまだ長い」という方は、15分の集中と3分の休憩でも構いません。いずれにしろ、**作業に飽きる前に休憩することで、再開したときもスムーズに集中状態に戻ることができます。**

「あれもこれも」と考えた途端、集中力は散漫になる

これは心理学では「締め切り効果」や「デッドライン効果」と呼ばれているもので、時間を短く区切れば区切るほど仕事が管理しや

すくなり、集中力が増していく現象を指します。**目の前の1つの作業に集中すると、人は本来持っている力を最大限に発揮することができるのです。**

「この25分で、これだけやればいい」と思うと、それ以外考えなくて済むようになる。つまり、迷わなくなるのです。

「集中する」ということは、「やることに注目する」ということ。**「他のことをしない」「代わりのことをやらない」というルールを守るだけで、集中力が必ず高まります。**

「今日は作業に充てられる時間が8時間もある」と思い、「あれもこれも片づけよう」と考えた途端、集中力は散漫になり、コントロールできなくなります。

ですから、一見、無駄に思える3分や5分の休憩を取ってでも作業を中断し、15分、25分の集中で一気に片づけていくほうが効率的なのです。

加えて、集中と休憩のリズムが自分になじみ、成果が出せるようになると、**自然と集中力が持続する時間は延びていきます。**

超集中力 Column

「コントロールできる時間」で、自分が処理できる作業を知っておく

私はあらゆる仕事で、ポモドーロ・テクニックを活用しています。25分でブログなら何記事書ける、ツイッターなら何ツイート用意できるという時間感覚をつかんでいるので、仕事の合間や移動時間などにパソコンやスマホからアウトプットしていきます。

15分や25分の「コントロールできる時間」で、どんな作業を処理できるのかを知ることはとても重要。手応えを感じた作業内容について、できる限りメモしておきましょう。

「ポモドーロ・テクニック」とは

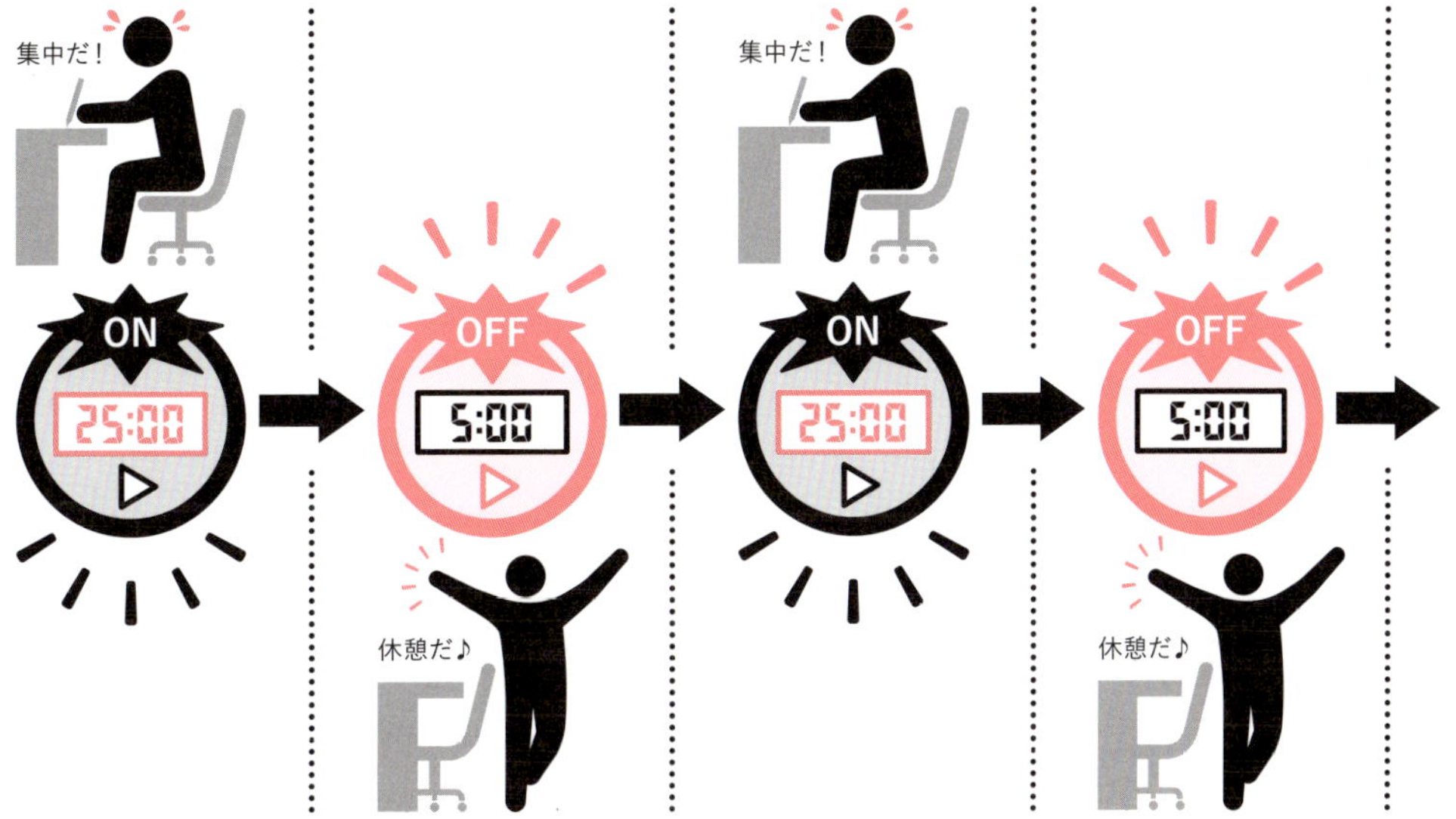

タイマーで計りながら25分の集中と5分の休憩をくり返す

集中と休憩のリズムが自分になじめば、自然と集中力が続く時間は延びていく。

最初のうちは物足りないくらいで作業の手を止める

ポモドーロ・テクニックを行なう際は、最初のうちは短い時間から始めて、物足りないくらいで作業の手を止めます。

そして、15分なら15分、25分なら25分で自分がどんな作業を処理できるのかをリスト化していきましょう。

ポモドーロ・テクニックの優れた点は、**「やる気が起こるから行動するのではない。行動したからやる気が出る」**という作業興奮の原理を実践しやすい点にあります。

短い休憩からすぐに作業に戻ることで、脳内ではドーパミンが分泌され、不安や迷いが減り、集中が高まります。そして、短時間のうちに成果が出ることで行動を続ける根拠と自信が手に入ります。**行動によって自分が変わったという手応えは、あなたのモチベーションを高めてくれる**はずです。

休憩の前後でやることを変えない

25分では終わらない作業に取り組むときには、守っていただきたいルールが1つあります。

それは、**「休憩の前後でやることを変えてはいけない」**ということ。

なぜなら、脳は上の空になっているとき、無意識ながらも、さっきまでやっていたことを考えてくれているからです。

25分間は1つのことに集中する
休憩後の25分間に
1つのことしかしない
25 min
溜まったメールの返信だけをしよう！
メールに集中！
「他のことをしない」というルールを守るだけで、集中力が高まる
休憩後の25分間に
あれもこれもやろうとする
25 min
メールの送信、経費精算、机の片づけ…
時間はたっぷりあるんだから…
「あれもこれも」では集中力が散漫になり、コントロールできなくなる

オススメの「ポモドーロ・テクニック」の進め方
25分経ったら途中でもやめる
よ〜し、じゃあ休憩しよう
25分経ったから
5分間休憩する
瞑想
休んでいる間に無意識の力が働く
散歩
前と同じ作業を続ける
さっきの続きをやろう
「休憩後も同じことをする」のがポイント

つまり、**休憩後に再開したときに、アイデアがたくさん出てきたり、作業が早くなったりする**のです。

「寝かすといいアイデアが出る」とは、まさにこのこと。「気分転換になるからやることを変えたほうがいい」とよく言われますが、変えてしまうと意味がなくなります。

ですから、発想力や集中力が必要な仕事は、途中で休憩を挟む。もっと言うと、仕事や勉強を1個ずつこなしていくのではなく、途中でもいいから「手を止めること」。これが正解になります。

切りの良いときに休憩を取ってしまうと、この無意識の力が借りられない。だから、「5分間の休憩」中は、決断や判断、ワーキングメモリーを使う作業は控えましょう。そうすると、集中力が高まることが明らかになっています。

私の場合は、この5分の間に瞑想をしています。散歩でもいいでしょう。

「1回25分取り組んだら、そこから離れる」ことを忘れないでください。

DaiGoからのMessage

人間の体になじみやすい「25分＋5分サイクル」で成果を積み上げよう。

時間術3

ウルトラディアンリズム

自分が持つ集中力の波を乗りこなせ。

90分、20分のリズムで作業と休息をくり返す

ポモドーロ・テクニックを使い、集中と休憩のメリハリのリズム、集中力を持続させるコツをつかんだら、次は**「ウルトラディアンリズム」**を使った方法をオススメします。

ウルトラディアンリズムとは、**体内時計に組み込まれた「90分、20分」のリズム**のことです。睡眠の場合、私たちは眠った後に90分の深い眠りと20分の浅い眠りをくり返し、目覚めを迎えます。

この時間生物学の法則が集中力にも当てはまると指摘したのは、精神生理学者のペレツ・ラヴィー博士です。

彼は、この**ウルトラディアンリズムで作業と休息をくり返すことが、自然と集中を高め、集中力を持続させる**ことをさまざまな角度の研究で明らかにしています。

その1つが、世界トップレベルのバイオリニストの練習時間に関する研究です。一般的にトップレベルのバイオリニストになるには、寝る間も惜しむ厳しい練習が必要だと思われてきました。

ところが、世界レベルのバイオリニストを対象とした博士の研究によると、**ウルトラディアンリズムに逆らわずにトレーニングしている人ほど、高い成果を上げている**ことがわかってきたのです。

トップレベルのバイオリニストは、90分単位で練習を行ない、長くても合計4時間半以内で練習を終えていました。加えて、他のバイオリニストよりも睡眠時間が長く、午後には20分程度の昼寝を習慣にしていました。

トップレベルのバイオリニストはウルトラディアンリズムに合わせて、適度な集中を保ちながら技量を磨いている。しかも、パワーナップを取り入れているというのは、いかにウィルパワーが有限で、意識的に使っていかなければいけないものかを示しています。

90分の間、同じ目標に取り組む

ウルトラディアンリズムに沿って集中力を有効活用するためには、「対象」を絞り込み、1つずつクリアしていくことです。できれば90分の間、同じ目標に取り組むようにするとよいでしょう。

仕事をしていると、書きかけのメール、作成中のテキスト、電話や来客など、人への応対が求められるなど、さまざまな「ノイズ」が紛れ込んできます。そのたびに取り組みたいと思っている目標への集中が途切れ、別のことを処理するハメになることでしょう。

実際に複数のタスクを並行してみるとすぐにわかりますが、AからB、BからC、CからAといったリズムで仕事をしていると、タスク間を行ったり来たりする間に切り替え時間が生じます。

その切り替え時間には小さな決断と選択が連続し、それらが積み重なるごとに、多くのウィルパワーが失われていきます。

超集中力 Column

「アクティブレスト」にならって20分の休憩時も積極的に体を動かす

ウルトラディアンリズムでは、いかに「20分」で休むかにも意味があります。そこで参考になるのが、スポーツの世界で言う「アクティブレスト」です。これはしんどいときほど積極的に軽い運動をすることで、効果的な回復が得られるという考え方です。

ウルトラディアンリズムに沿って活動する際の20分の休憩も、オフィス内を歩く、ストレッチをする、散歩するなど、積極的に体を動かすと、ウィルパワーが回復します。

トップレベルのバイオリニストの練習スケジュール

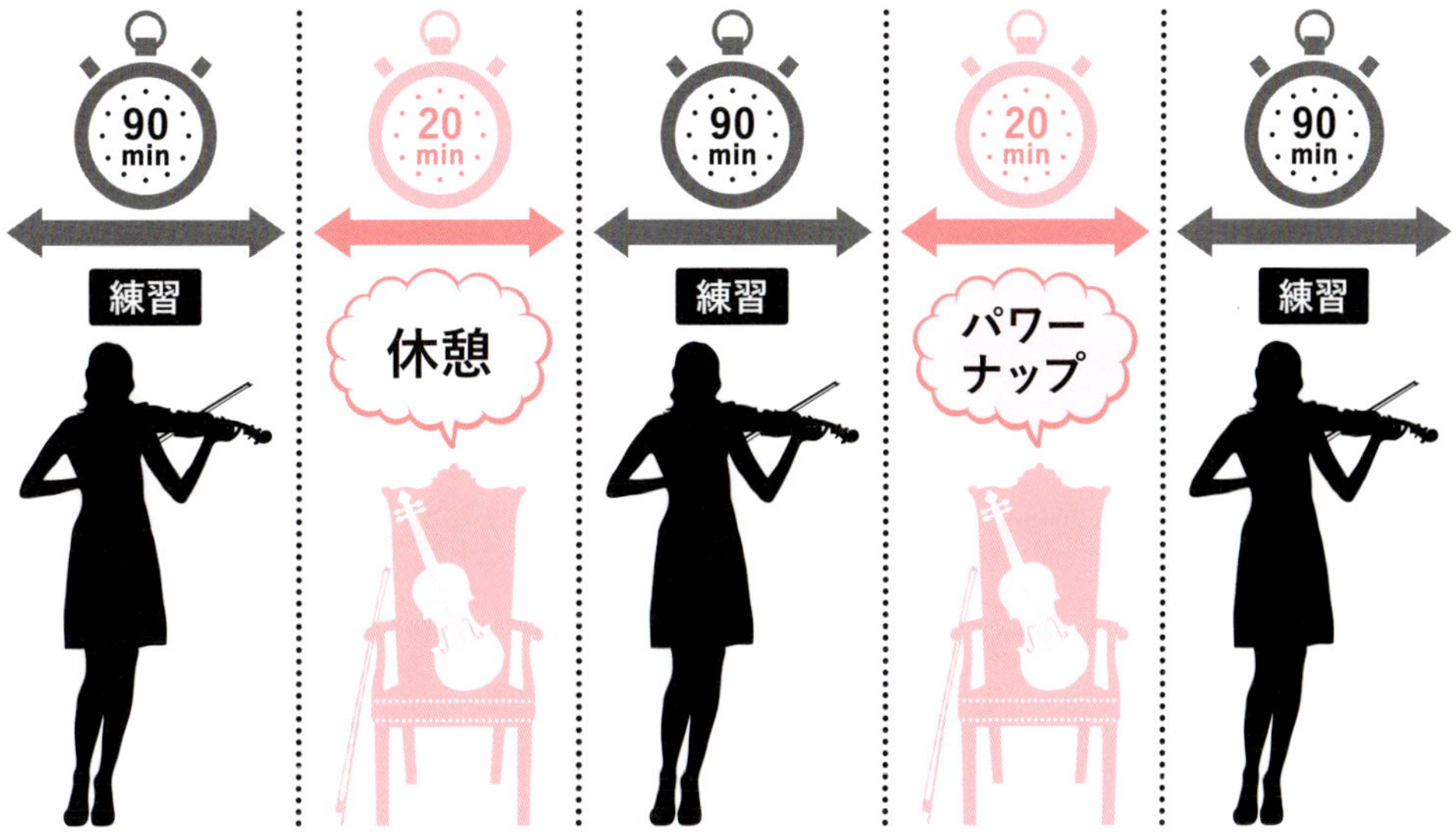
90 min
練習
20 min
休憩
90 min
練習
20 min
パワーナップ
90 min
練習

「90分＋20分」のウルトラディアンリズムに合わせている

自分のウルトラディアンリズムをつかみ、仕事の時間と休憩時間を同調させていく。

ウルトラディアンリズムを有効に活用するためにも、**90分で取り組むタスクは1つに絞って、それ以外は「捨てる勇気」を持ちましょう。**

Aに取り組んでいるときは、BとCは断ってしまうのです。たいていの案件は90分後に対処しても大きなトラブルにはなりません。何に集中し、何を手放すか。そのメリハリが重要です。

まとまった時間は、90分単位に分けろ

時間がたくさんあるから何もかもやってしまおうとすると、結果的には効率が落ちてしまいます。

これは18ページで説明した「人の作業時間というのは強制的に区切らない限り、自分の持っている時間の限界まで延びてしまう」というパーキンソンの法則でも証明されています。ですから、スケジュールを決めるときも、まとまった時間をポンと空けてしまうのはオススメしません。

本当に集中したいのなら、90分が目安です。「時間があるから、2時間でも3時間でも大丈夫」と安心していると、結局、何も手付かずということになりかねません。

自分が集中できていた時間を記録する

重要なポイントは、自分のウルトラディアンリズムをつかみ、日

90分で取り組むタスクは1つにする

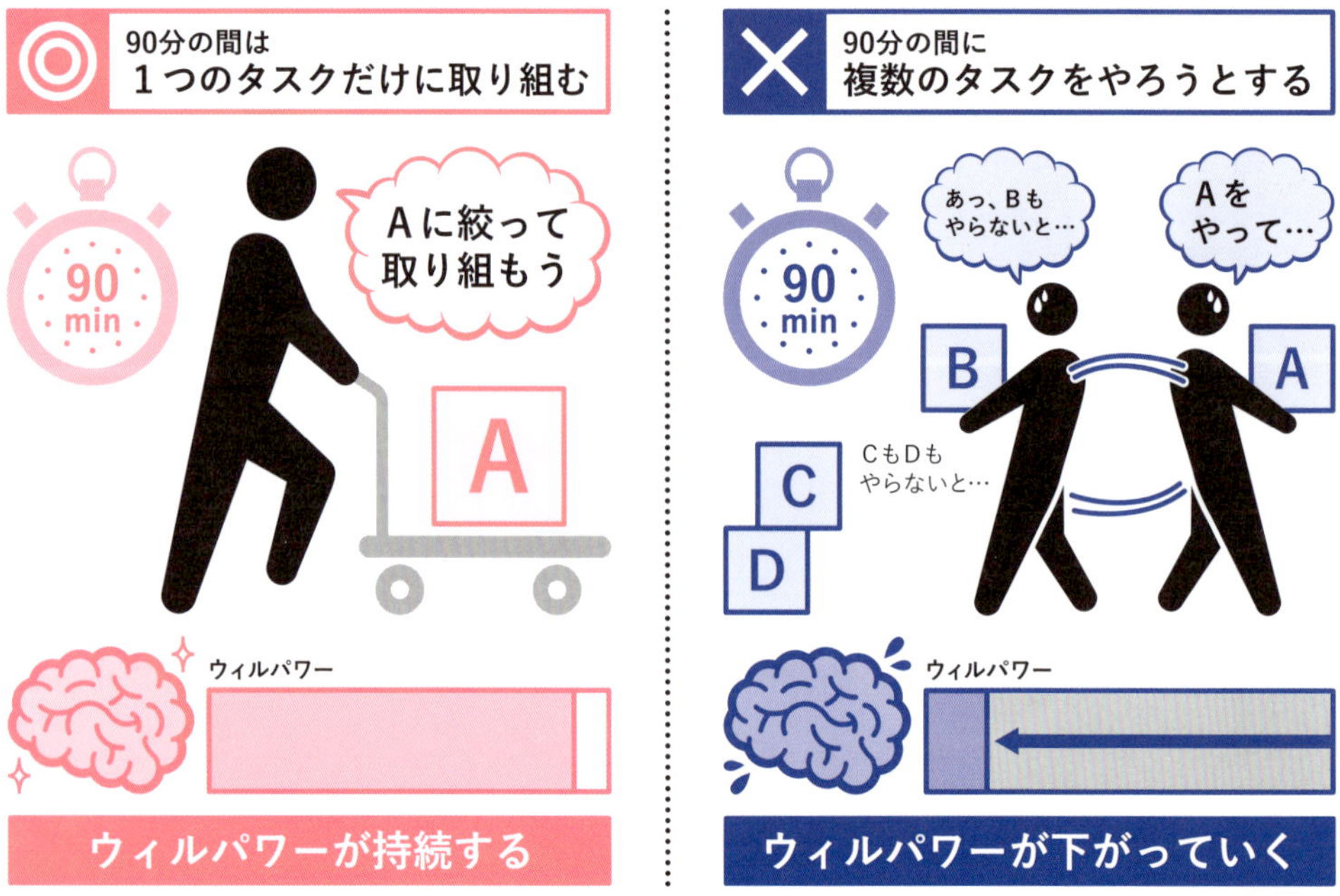
90分の間は
1つのタスクだけに取り組む
90 min
Aに絞って取り組もう
A
ウィルパワー
ウィルパワーが持続する
90分の間に
複数のタスクをやろうとする
90 min
あっ、Bもやらないと…
Aをやって…
B
A
CもDもやらないと…
C
D
ウィルパワー
ウィルパワーが下がっていく

「日記」をつけて集中力のリズムを知る

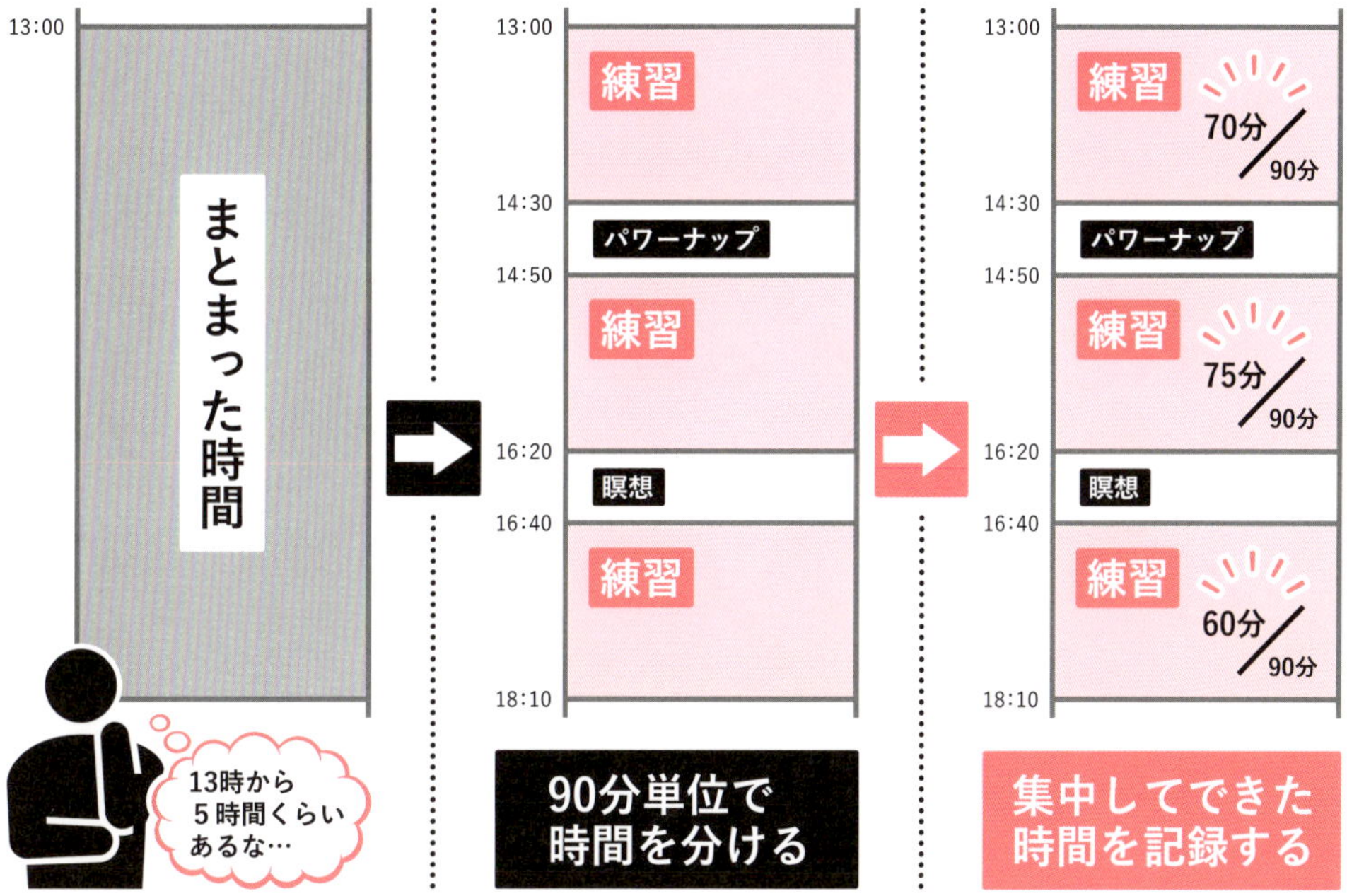

DaiGoからのMessage

自分なりの「90分＋20分」の波をつかめたとき、集中力は最大化される。

中の仕事や勉強の時間と休憩時間をリズムに同調させていくことです。単に90分、20分のリズムで時間割をつくり、守っていけばいいわけではありません。

　サーフィンと同じく、**自分の波をつかんで乗っていくことが重要**です。そのためには、90分＋20分のリズムを試していきながら、同時に自分が集中できていた時間を記録することをオススメします。

　自分が何時から何時まで集中して作業に取り組むことができたのか。言わば、「集中力日記」のようなものです。仕事をしていた時間、勉強していた時間ではなく、集中していたかどうかにフォーカスしてください。**1日のうち、合計3～4時間集中している時間があれば、かなり優秀です。**

　トップレベルのバイオリニストの例のように、集中するのがうまい人たちは90分集中して、20分休むというリズムを一度つかんだら、絶対に崩しません。

　それによって、**限られた時間で周囲の予想以上の成果を生み出すことができる**のです。

時間術4

アイビー・リー・メソッド

優先順位が高いものだけやる。迷いが消える集中メソッド。

やるべき行動を絞り込んでいくToDoリストの一種

時間術4は**「アイビー・リー・メソッド」**です。これはやるべき行動を絞り込んでいくToDoリストの一種。**「1つの作業が終わるまで、断固として次のことをやらない」**という仕組みづくりです。

なぜ、作業を絞り込む必要があるかと言えば、それは今あなたが使うことのできる時間内に集中力を最大限に発揮するためです。

私たちは本能的に複数のことが同時に気になってしまう性質を持っています。常に周囲を警戒するためには、一点に集中するよりも、あれもこれもと気にしているほうが理にかなっています。この心の動きは、食事中に外敵に襲われる可能性のある自然界で生きていくうえではとても重要なものでした。

しかし、安全が確保されている現代では、**あれもこれも気になってしまう心の動きは不要なブレーキとなってしまいます。**意識と無意識の間で常に押し引きが続くため、潜在意識の中で「あの作業も終わっていない」「この作業もまだだ」という感覚が強くなり、ウィルパワーを消耗させてしまうからです。すると、物事の優先順位が混乱し出し、効率の良い段取りづくりを邪魔するのです。

今使える時間で何をするのか、あらかじめ明確にする

こうした状態から抜け出すためには、**今使える時間で何をするのかあらかじめ明確にしておくことが有効**です。そのための方法として、さまざまなToDoリストのつくり方が紹介されていますが、ここでオススメするのがアイビー・リーのメソッドです。

アイビー・リーは20世紀前半に活躍した経営コンサルタントで、後に「PRの父」と呼ばれるようになった人物。そんな彼が、当時、

アメリカ最大の鉄鋼会社であったベツレヘム・スチールの社長チャールズ・シュワブに伝えたのが、アイビー・リー・メソッドです。

シュワブは自社の経営の効率化で悩んでおり、アイビー・リーにコンサルティングを依頼しました。アイビー・リーは、その場でシュワブに対して効率化のために考案した自身のメソッドを伝えました。ポイントは次の6つだけです。

①紙に「明日やるべきこと」を6つ、メモする
②その6項目を重要だと思われる順に番号を振る
③翌日、このメモの順番に従って仕事を進める
④もし全部できなかったら、悔やむことなく忘れる
⑤その後、明日のための6つの項目を新しくメモする
⑥この①〜⑤を丁寧にくり返す

アイビー・リーの助言を自ら実践したシュワブは、その効果を実感し、幹部社員へとアイビー・リー・メソッドを広めていきました。

集中力をグンと高める 3 Point

1. ToDoリストの1つの作業が終わるまで次のことをやらない
2. ToDoリストの全部ができなくても悔やまずに忘れる
3. 重要項目に取り組むために取り組みやすい作業から始める

生物は本能的に常に複数のことが気になる

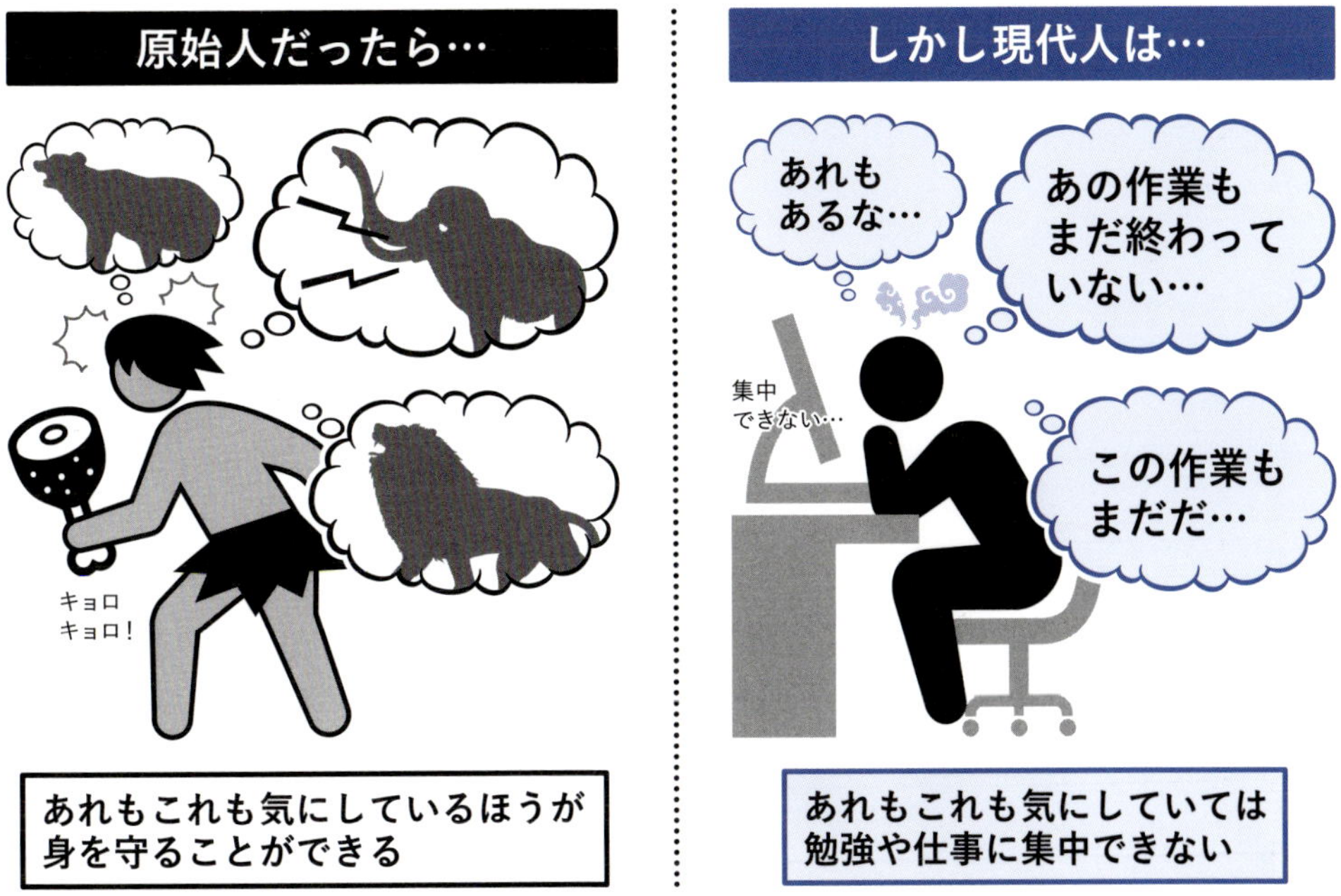
原始人だったら…
キョロ
キョロ!
あれもこれも気にしているほうが身を守ることができる
しかし現代人は…
あれもあるな…
あの作業もまだ終わっていない…
集中できない…
この作業もまだだ…
あれもこれも気にしていては勉強や仕事に集中できない

本当に大事なことのみ全力を尽くし、それ以外のことは、一切やらない。

途中までしかできなかったら、残りは忘れていい

アイビー・リー・メソッドでは番号順に作業しますが、守るべきポイントが1つあります。それは、**1番が終わるまで、1番のことしかしないこと。**そして、作業にかけられる時間の中で、途中までしかできなかったら、その日は残りのことはきれいさっぱり忘れます。

アイビー・リーは、やり残しを気にする人々に対して、こう語っています。

「結果的に1つか2つしかできなかったとしても気にしてはいけません。あなたはその日に一番大切だと思っていた仕事を済ませたのですから」

全部できなかったと悔やむことなく、また明日に向けたリスト作成を始めましょう。

選択と集中によって、本当に大事なことのみ全力を尽くす。それ以外のことは、やらないか、あるいは誰かにやってもらう。それにより迷いを消し、行動につなげる。

アイビー・リー・メソッドをはじめ、あらゆるToDoリスト化がもたらすメリットは、この1点に集約されます。

約100年前のメソッドですが、これはこのまま現代の私たちにも役立ちます。

難しく考える必要はまったくありません。まずは今、あなたが考える**「明日やるべきこと」**を書き出してみてください。

「アイビー・リー・メソッド」のポイント
1 「明日やるべきこと」を6つメモする
企画
プレゼン資料
ブログ
決算書類
ツイッター
読書
2 重要と思われる順に番号を振る
⑤企画
①プレゼン資料
②ブログ
③決算書類
⑥ツイッター
④読書
3 翌日、2のメモに従って仕事を進める
2
4 全部できなくても一区切りつける
終了
5 新たに「明日やるべきこと」を6つメモする
明日…
6 1～5をくり返す
Repeat!!

週の始まりは「0番」項目をトッピング

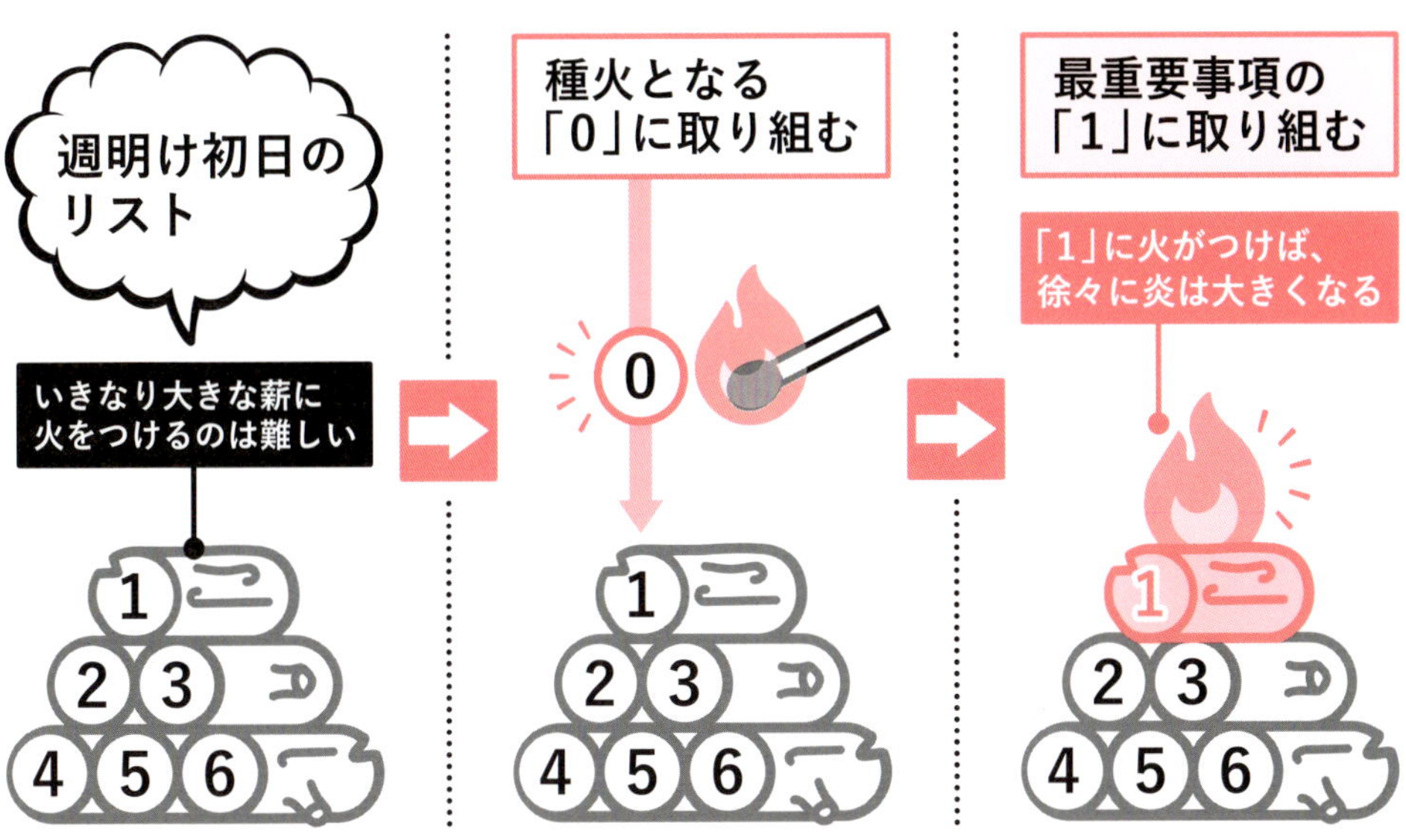
週明け初日のリスト
いきなり大きな薪に火をつけるのは難しい
種火となる「0」に取り組む
0
最重要事項の「1」に取り組む
「1」に火がつけば、徐々に炎は大きくなる
1
2
3
4
5
6

焚き火の種火のような「サブ目標」を用意しておく

サブ目標を着火剤にして、集中力を高める

アイビー・リー・メソッドに「プラスα」として推奨したいのが、週の始まりに、**取り組みやすいダウンサイジングした作業「0番」の項目をトッピングする**というテクニックです。

焚き火を熾《おこ》す際、いきなり大きな薪に火をつけるのは難しいもの。新聞紙など、種火となるものを用意して、小さな枝に火を移し、徐々に炎を大きくしていくのが正しい手順です。

この手順は、集中力にも当てはまります。

休日明けの初日のリストの最重要事項は、あなたにとって本当に取り組むべき問題のはずですが、重要だからこそ、難易度も高いのではないでしょうか。それは大きな薪のようなもので、いきなり火をつけるには無理があります。

そこで、**種火となるようなサブ目標「0番」を用意して集中力を高める**のです。

DaiGoからのMessage

大切な「1番」以外
手をつけない。
限られたウィルパワーを
1点に集中投下せよ。

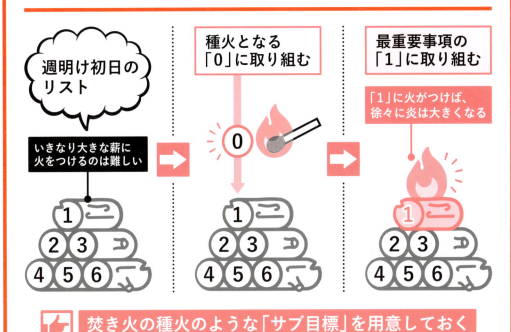

時間術5

スケジュールに余白をつくる

あえて捨てる時間を持つことで、集中力は劇的に高まる。

緩衝材としての時間をあらかじめ用意する

時間術の最後は、**「スケジュールに余白をつくる」**というメソッドです。

私は朝を「インプットする時間」と決めていますが、時折、どうしても断れない講演や研修、メディアへの出演が入り、インプットのはずの時間がアウトプットの時間になってしまうことがあります。

私は、できれば計画通りに物事を進めたいタイプなので、そのままにしていると、「インプットの時間だったのに……」とすっきりしない気持ちが残ります。

そこで、時間をぼかす感覚でスケジュールを捉え直します。

今日は**アウトプットの時間が増えたから、その分、空けていた余白の時間にインプットを増やせばいい。**たったこれだけのことですが、スケジュールがブレたことのダメージは一気に和らぎます。

時間を効率的に使おうと気持ちを締め上げるのではなく、**緩衝材としての時間をあらかじめ用意することで、ゆとりが生まれます。**このゆとりが、結果的に集中したい時間へとつながっていくのです。

数値目標は7日間ごとに設定する

とくに1日ごとに数値目標を立てている人ほど、このメソッドは役立ちます。というのも、一般的に提唱されている時間術や仕事術のように、効率を重視して組み立てた計画は得てしてうまくいかないものだからです。

だからこそ、予定や目標を、1日ごとに立てず、**7日間（1週間）ごとに数値目標を設定する。**これによって、「今日はできなかった」という挫折が消えるわけです。

たとえば、私はTwitterは1日3ツイート（投稿）、ブロマガ（ニコニコ動画のテキスト発信サービス）

は毎日1配信を心がけているので、そのための原稿を書かなければいけません。

　これを1日の数値目標にしてしまうと、クリアできなかった日はモヤモヤします。

　そこで、**数値目標をぼかしてしまう**のです。1週間単位に変換すると、21ツイートと7本の原稿。これを1週間の間にクリアできればいいと捉え、達成できたかを休日の前の夜にチェックします。もし、そこで目標をクリアできていなければ、残っている分を休日に回していくわけです。

多少ズレても吸収できるように「あそび」を持たせる

余白の時間をつくるというのは一見、非効率で集中力を高めるという意味では矛盾しているように思えます。

　しかし、実は**行動にメリハリが生まれ、迷いが減る分、作業に取りかかったときの集中度は増していく**のです。

集中力をグンと高める 3 Point

1 スケジュールには緩衝材となる時間をあらかじめ用意しておく

2 毎日の数値目標は1週間単位に変換してみる

3 1日のなかに「怠けタイム」を積極的に設ける

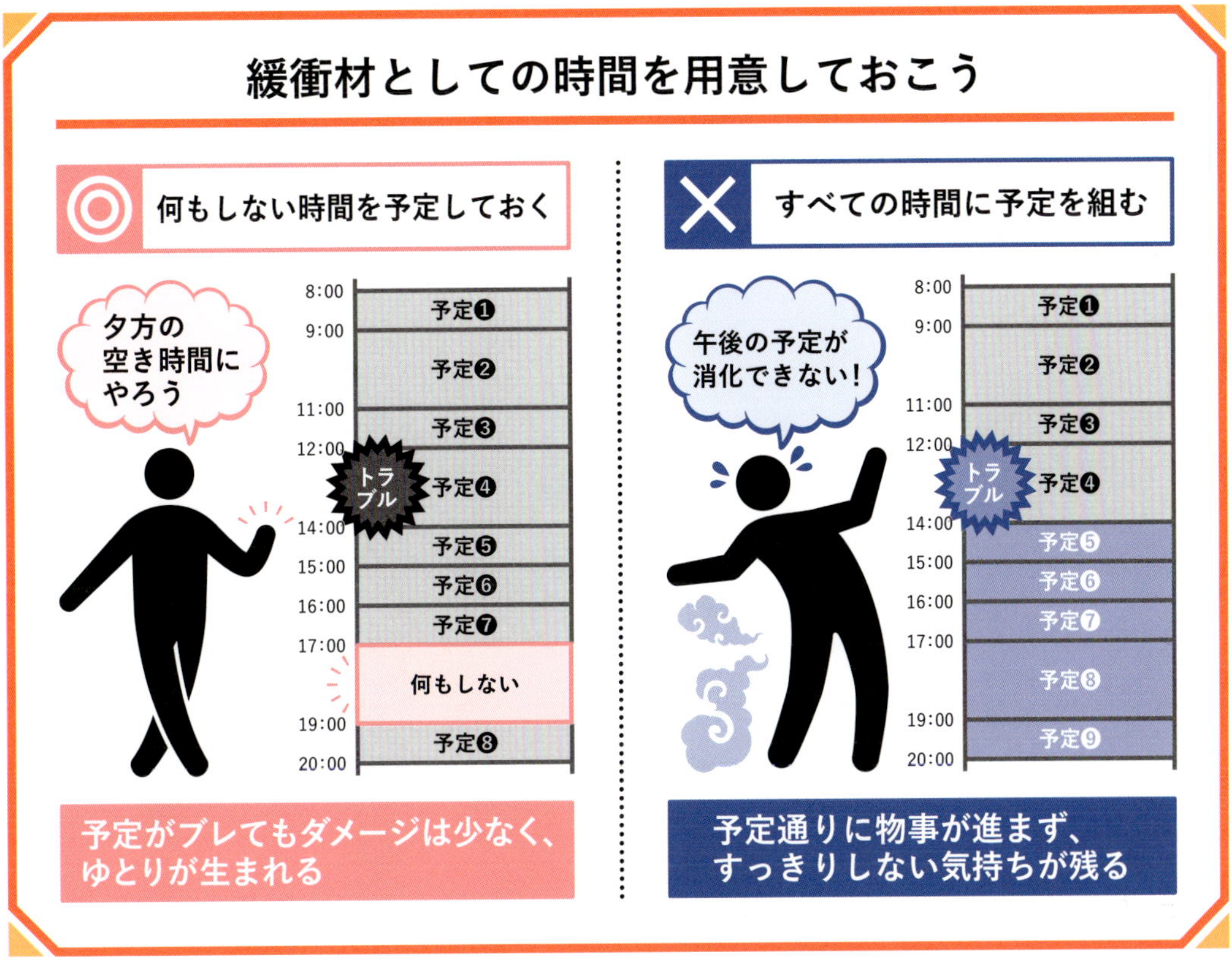
緩衝材としての時間を用意しておこう
何もしない時間を予定しておく
夕方の空き時間にやろう
8:00
9:00
11:00
12:00
14:00
15:00
16:00
17:00
19:00
20:00
予定❶
予定❷
予定❸
トラブル
予定❹
予定❺
予定❻
予定❼
何もしない
予定❽
予定がブレてもダメージは少なく、ゆとりが生まれる
すべての時間に予定を組む
午後の予定が消化できない!
予定❶
予定❷
予定❸
トラブル
予定❹
予定❺
予定❻
予定❼
予定❽
予定❾
予定通りに物事が進まず、すっきりしない気持ちが残る

スケジュールに余裕をつくることで、作業への集中度を高めていく。

余白があれば、挫折してすべてを投げ出して停滞してしまう時間がなくなり、迷わずに行動できるようになります。この2つが身につくだけで、集中して取り組める時間は延びていくのです。

予定通りに進まなかった場合でも、後悔したり自分を責めるようになると、結局、人は行動しなくなります。**大切なのは、バッファとなる時間があること。多少ズレても吸収できるようにするためのあそびを持たせる**のです。

1日の中で、あえて捨てる時間帯を持つ

1週間ではなく、**「1日の中で「あえて捨てる時間帯を持つ」**というメソッドもあります。どんなに忙しい1日でも、**必ず怠ける「怠けタイム」をつくる**のです。

なぜ、そんなことをするかというと、自ら「モラル・ライセンシング」の状態をつくり出すことで、結果的にその後の集中力が高まっていくからです。

モラル・ライセンシングとは、心理学用語で、「いいことをしたから、ちょっと悪いことをしてもいいか」と思ってしまう心の動きのこと。

たとえば、「仕事で部長に褒められたから、今夜くらいハメを外そう」と深酒をして、翌日を二日酔いで棒に振ってしまう。結果、進捗状況に遅れが出て、スケジュール全体を見直すことになってしまった……など、中途半端な満足感が集中力を途切れさせ、目標達成の妨

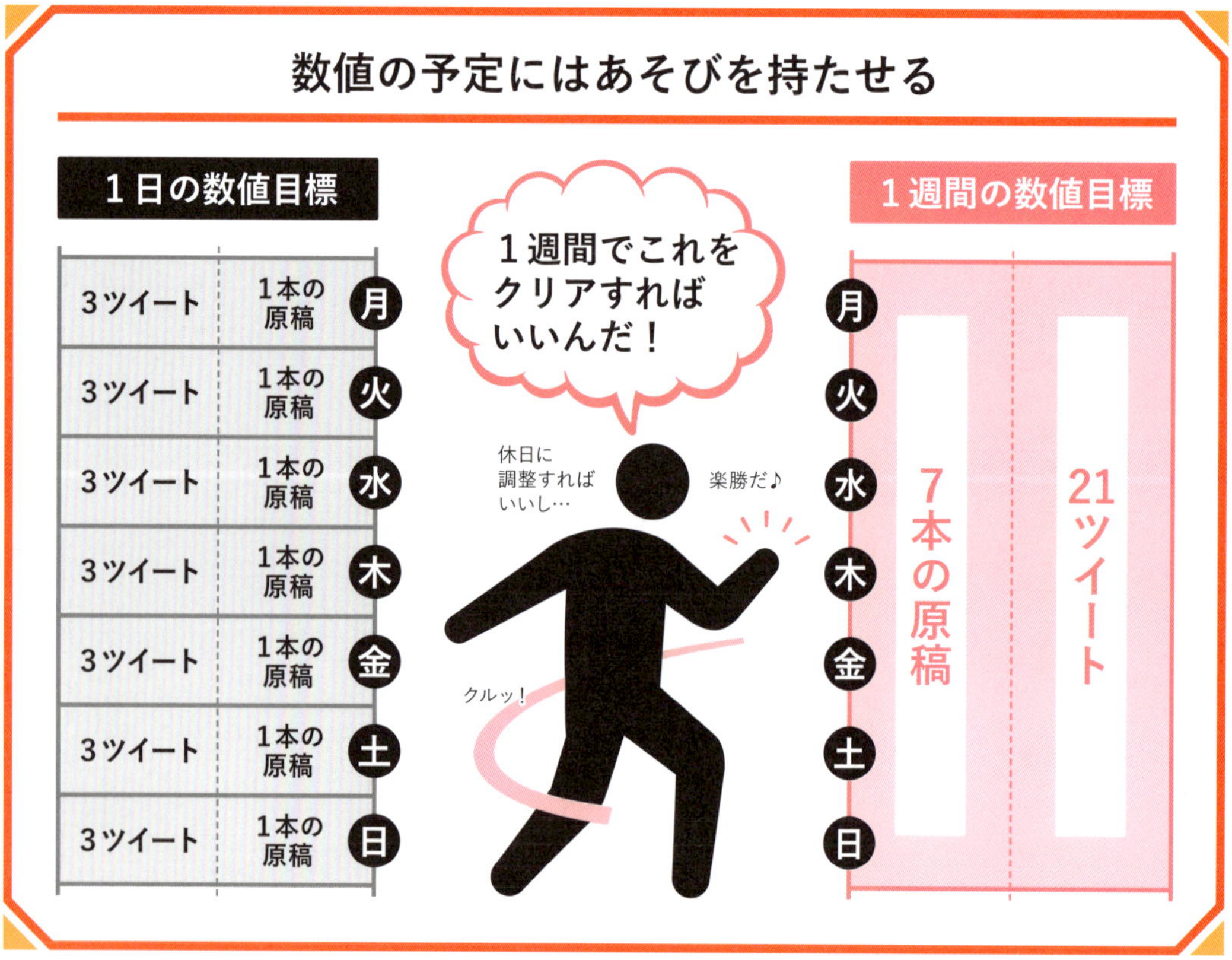

数値の予定にはあそびを持たせる
1日の数値目標
月 1本の原稿 3ツイート
火 1本の原稿 3ツイート
水 1本の原稿 3ツイート
木 1本の原稿 3ツイート
金 1本の原稿 3ツイート
土 1本の原稿 3ツイート
日 1本の原稿 3ツイート
1週間でこれをクリアすればいいんだ！
休日に調整すればいいし…
楽勝だ♪
クルッ！
1週間の数値目標
月 火 水 木 金 土 日
7本の原稿
21ツイート

自ら「怠けタイム」をつくることで、集中力がアップ
「怠けタイム」がないと…
!!!
キミはよくがんばってるね！
部長に褒められたからサボろう～♪
もう今夜は飲んじゃう～
モラル・ライセンシングが働き、無自覚に怠けてしまう
「怠けタイム」があると…
19時から2時間だけダラダラしよう
2時間遊んだから読書しよう！
自覚して怠けることで、「怠け」を短時間で切り上げられる

げになってしまう現象を指します。

がんばったから、少し怠けてもいいはず。人が人である以上、この感覚が働くことは抑えられません。そこで、**あえて自分から怠ける時間をつくっていく**わけです。

私の場合、1日のうち1時間か2時間、あえて時間を捨てています。その間はお笑いの番組を見たり、映画を見たり、ごろごろしながら過ごします。大切なのは、**自分のコントロールできる範囲での怠けタイムにする**ことです。

そうすることで、「今日はすごくがんばった」「認めてもらえた」「満足した」という日があっても、その反動で丸々1日怠けてしまうことはなくなります。

「今日もしっかり怠けた」という実感が得られ、「また明日もがんばろう」と気持ちを切り替えることができます。つまり、**あえてサボり、リラックスすることで、結果的に翌日以降の集中力を高めることができる**わけです。

無自覚のダラダラよりも、自覚したダラダラのほうが短時間で済みます。ぜひ試してみてください。

DaiGoからのMessage

1週間の「余白の時間」、1日の「怠けタイム」。捨てたはずの時間が、集中力を高めてくれる。

第4章 集中力を自動でつくり出す 5つの時間術 まとめ

1 起きてから2時間が生産性のピーク。毎朝の行動がその日の集中力を決める

2 朝はインプット、昼はアウトプット、夜は復習する時間に使う

3 「25分の集中と5分の休憩」をくり返すポモドーロ・テクニックで、成果を上げる

4 ウルトラディアンリズムとは、「90分＋20分」の集中しやすいリズムのこと

5 仕事や勉強の時間は、短く区切る。本当に集中したいなら「90分」が目安

6 やるべきことをリスト化して、優先順位の高いものだけをやる

7 本当に大事なことのみ全力投球

8 あらかじめ、1週間の「余白の時間」と、1日の「怠けタイム」を用意しておく

著者プロフィール

メンタリストDaiGo

（めんたりすと・だいご）

◉――人の心を読み、操る技術“メンタリズム”を駆使する日本唯一のメンタリスト。テレビ番組への出演多数。外資系企業の研修やコンサル、遺伝子解析企業の顧問、大学の特任教授なども務めている。

◉――主な著書は、『人を操る禁断の文章術』（かんき出版）、『一瞬でYESを引き出す 心理戦略。』（ダイヤモンド社）、『限りなく黒に近いグレーな心理術』（青春出版社）、『ポジティブ・チェンジ』（日本文芸社）ほか。著書累計で160万部を超える。

◉――本書は、自分の心を操る「行動と集中力の絶対法則」を、著者が初めて明らかにした『自分を操る超集中力』（小社刊）の図解版。

オフィシャルサイト　http://www.daigo.me/

図解《ずかい》　自分《じぶん》を操《あやつ》る超集中力《ちょうしゅうちゅうりょく》

〈検印廃止〉

2017年７月18日　　第１刷発行

著　者――メンタリストDaiGo

発行者――齊藤　龍男

発行所――株式会社かんき出版

東京都千代田区麹町4-1-4 西脇ビル　〒102-0083

電話　営業部：03(3262)8011㈹　編集部：03(3262)8012㈹

FAX　03(3234)4421　　振替　00100-2-62304

http://www.kanki-pub.co.jp/

印刷所――大日本印刷株式会社

ISBN978-4-7612-7274-6 C0030